D1937326

4 SEASONS

Das neue Boshiversum

Strick- und Häkel-Chic fürs ganze Jahr

4 SEASONS

Das neue Boshiversum

Strick- und Häkel-Chic fürs ganze Jahr

Autoren **Thomas Jaenisch und Felix Rohland** Fotografie **Hubertus Schüler**

Du bist Boshi!

Der neue Clip zum Buch!

Frühling

Sommer

Herbst

Winter

Know-how

Alle Maschenarten findest du ab Seite 182.

Über die Anleitungen in diesem Buch

WIE LESE ICH ANLEITUNGEN VON MYBOSHI?

Unsere Anleitungen sind anders als alle Anleitungen, die du bisher kennst. Sie sind einfach zu verstehen, da wir höchstens drei Abkürzungen verwenden:

F ist die Abkürzung für Farbe.

R ist die Abkürzung für Reihe.

Rd ist die Abkürzung für Runde.

Wir bemühen uns sehr, das Handarbeiten jedem verständlich und einfach beizubringen. Deshalb: Lies erst mal alles genau durch, bevor du in die gewohnte Spaltenansicht „Farbe", „Reihe", „Beschreibung" und „Anzahl Maschen in Runde/Reihe" springst. Wichtige Informationen befinden sich in dem kurzen Text ÜBER diesen Spalten.

Die Anleitung ist folgendermaßen aufgebaut:

1. Übersicht über die Materialien, die gebraucht werden. Für die Wolle gilt: myboshi No. 3 kann alternativ zu myboshi No. 1 und myboshi No. 2 kann alternativ zu myboshi No. 4 verwendet werden. Anschließend folgt ein Erklärungstext zu den verwendeten Maschenarten. Diese Maschenarten sind einzeln im Know-how-Teil aufgeführt – mit Zeichnungen und Erklärungen.

2. Nach dem Durchlesen der Anleitung kannst du auch schon loslegen.

Es gibt immer eine Grammangabe für No. 3 und eine für No. 1, da die myboshi No. 3 eine kürzere Lauflänge hat und man entsprechend mehr Gramm braucht.

Manchmal ist in der Spaltenansicht der Anleitung nur eine Farbvariante dargestellt, das heißt, man kann die Farbreihenfolge natürlich nach eigenem Wunsch anpassen. Im Beschreibungstext geht es dann lediglich um die Maschenzunahmen.

myboshi verwendet QR-Codes.

Diese können mit einem QR-Scanner gescannt werden und leiten auf eine Seite weiter, auf der schwierige Passagen aus der Anleitung mit einem kleinen Video anschaulich erklärt werden.

Anleitung online unter

www.selfmade-boshi.com/
4seasons/Fruehling

HERBST
SEASON

Ebetsu

Für kleine Kinderhände.

Die kleinen Handschuhe werden mit halben Stäbchen und festen Maschen am Bündchen gehäkelt. 2 Luftmaschenketten stellen die Ohren der Maus dar. Mit einer kleinen Kordel kann man das Bündchen enger machen. Die beiden Handschuhe werden mit einer langen Luftmaschenkette verbunden, damit sie nicht verloren gehen (siehe ab Seite 182).

Skills

Maschenprobe
10 x 10 cm =
12 halbe Stäbchen x 8 Reihen

Nadeln
myboshi Häkelnadel 6,0 mm, Stick-/Vernähnadel

Größe

Länge	ca. 12 cm
Breite	ca. 8 cm

Material
myboshi Wolle No. 1, Restwolle von No. 4 für Augen und Nase

Farbe 1	142 Rosé, 25 g
Farbe 2	165 Pflaume, 20 g

www.selfmade-boshi.com/4seasons/Ebetsu

Anleitung »

EBETSU

Anfangsring unten mit F 1 (siehe Seite 184). Runden werden geschlossen (siehe Seite 191).

Farbe	Runde	Beschreibung	Anzahl Maschen in Runde
F 1	1.	in den Ring vom **Anfang** 10 halbe Stäbchen arbeiten	10
F 1	2.	1 halbes Stäbchen einfach häkeln, 1 halbes Stäbchen doppeln, also 2 Maschen in 1 Einstichstelle arbeiten	15
F 1	3.–6.	jedes halbe Stäbchen einfach häkeln	15
F 2	7.–11.	feste Maschen häkeln	15
F 2	12.	Mit 1 Kettmasche in der nächsten Einstichstelle schließen. 8 Luftmaschen häkeln (Ohr) und in der nächsten Einstichstelle die erste Hälfte der Runde mit 1 Kettmasche und 1 Luftmasche beenden. Den Faden nach ca. 1 m abschneiden und durch die Luftmasche ziehen. Mit der Stick-/Vernähnadel diesen Faden um 6 Maschen weiterfädeln. In der 7. Masche nach der Kettmasche einstechen, Faden durchholen und 8 Luftmaschen häkeln. Mit 1 Kettmasche und 1 Luftmasche in der nächsten Einstichstelle das 2. Ohr befestigen, den Faden durchholen und die restlichen Maschen mit dem Faden umwickeln.	
		Ende vom Handschuh: Den Vorgang für einen 2. Handschuh wiederholen. Anschließend alle Fäden von F 1 und F 2 gut vernähen.	

Näschen und Augen

Beschreibung

Das Näschen wird mit Restwolle mittig über 2 Maschen der 1. Runde gestickt. Für ein Näschen benötigt man ca. 2 m Faden.

Dazu immer den Faden von der Mitte des Anfangsrings zur 1. Runde über die halben Stäbchen sticken. Etwa 5- bis 6-mal wiederholen, anschließend nach links und nach rechts im Abstand von 2 Maschen 2–3 Fäden sticken.

In der 5. Runde werden die beiden Augen mit wenigen Stichen in der entsprechenden Farbe gestickt.

Fertigstellung

Die Fäden der Augen und der Näschen gut vernähen.

Kordel

Beschreibung

Dazu 40 Luftmaschen mit F 1 anschlagen, Faden nach ca. 10 cm abschneiden, durch die letzte Masche ziehen und ihn mit der Stick-/Vernähnadel durch die 11. Runde fädeln. Danach die beiden Enden ganz kurz abschneiden. Noch eine 2. Kordel häkeln.

Luftmaschenkette

Beschreibung

Diese dient zum Verbinden der beiden Handschuhe. Die Enden werden jeweils an einem Öhrchen des Handschuhs mit einem Knoten befestigt. Dazu ca. 120 Luftmaschen anschlagen.

Tipp: Die Länge kann nach Bedarf verändert werden.

Farbideen

F1 142 Rosé, 25 g
F2 165 Pflaume, 20 g

F1 393 Silber, 40 g
F2 373 Karamell, 30 g

F1 150 Wolke, 25 g
F2 155 Marine, 20 g

fertig in ca.
2h

Kasuga

Eine Mütze wie für jeden Einsteiger gemacht.
Die Boshi „Kasuga“ wird mit halben Stäbchen gehäkelt. Am Ende kommen noch feste Maschen als Abschluss dazu (siehe ab Seite 182).

Skills

Maschenprobe
10 x 10 cm =
12 halbe Stäbchen x 9 Reihen

Nadeln
myboshi Häkelnadel 6,0 mm,
Stick-/Vernähnadel

Kopfumfang

Größe M	52–56 cm
Größe L	57–60 cm

Material
myboshi Wolle No. 5

Farbe 1	572 Ocker, 25 g
Farbe 2	554 Petrol, 25 g
Farbe 3	596 Schwarz, 25 g

www.selfmade-boshi.com/
4seasons/Kasuga

Anleitung »

myboshi

Anfangsring oben mit F1 (siehe Seite 184). Gilt für Größe M und Größe L. Runden werden geschlossen (siehe Seite 191). Fortan wird nun mit halben Stäbchen gearbeitet, die hier als „Maschen" bezeichnet werden.

KASUGA für Größe M

Farbe	Runde	Beschreibung	Anzahl Maschen in Runde
F1	1.	in den Ring vom **Anfang** 12 Maschen arbeiten	12
F2	2.	jede Masche doppeln, also 2 Maschen in 1 Einstichstelle arbeiten	24
F1	3.	2 Maschen einfach häkeln, 1 Masche doppeln	32
F2	4.	3 Maschen einfach häkeln, 1 Masche doppeln	40
F3	5.	4 Maschen einfach häkeln, 1 Masche doppeln	48
F3	6.	5 Maschen einfach häkeln, 1 Masche doppeln	56
F3	7.	13 Maschen einfach häkeln, 1 Masche doppeln	60
F1	8.	jede Masche einfach häkeln	60
F2	9.	jede Masche einfach häkeln	60
F1 + F2	10.–15.	8. + 9. Rd 3-mal wiederholen	60
F1	16.	jede Masche einfach häkeln	60
F3	17. + 18.	jede Masche einfach häkeln	60
F2	19.	Abschlussrunde/Rückrunde: feste Maschen häkeln (siehe Seite 192)	60
		Ende für Größe M	

KASUGA für Größe L

Farbe	Runde	Beschreibung	Anzahl Maschen in Runde
F1+F2+F3	1.–6.	siehe Größe M	12–56
F3	7.	6 Maschen einfach häkeln, 1 Masche doppeln	64
F1+F2+F3	8.–18.	Farbfolge von Größe M übernehmen	64
F3	19.	jede Masche einfach häkeln	64
F2	20.	Abschlussrunde/Rückrunde: feste Maschen häkeln (siehe Seite 192)	64
		Ende für Größe L	

Fertigstellung
Alle Fäden nach ca. 15 cm abschneiden und gut vernähen.

Farbideen

F1 572 Ocker, 25 g
F2 554 Petrol, 25 g
F3 596 Schwarz, 25 g

F1 531 Orange, 25 g
F2 574 Kakao, 25 g
F3 555 Marine, 25 g

F1 521 Limettengrün, 25 g
F2 522 Grasgrün, 25 g
F3 594 Titangrau, 25 g

myboshi
original Nº1
waschmaschinenfest, 50g – 55m

Koganei

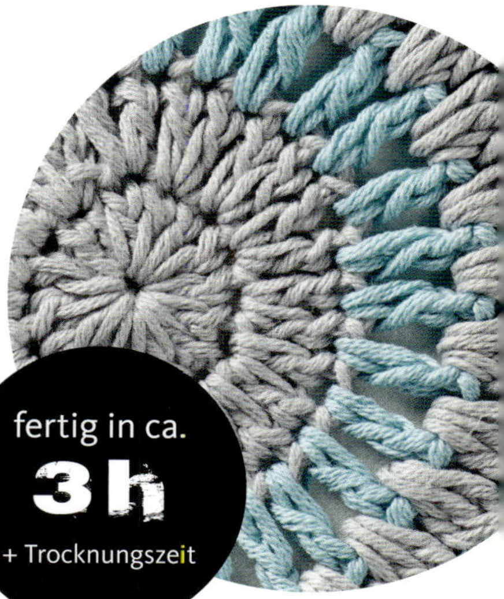

fertig in ca.
3h
+ Trocknungszeit

Coole Körbchen für jeden Anlass.
Das Häkelkörbchenset besteht aus einem großen und einem kleinen Korb. Beide werden mit einfachen Stäbchen, halben Stäbchen, Stäbchenbündeln und Büschelmaschen gehäkelt. Ein Krebsmaschenrand ziert den Abschluss eines Körbchens (siehe ab Seite 182).

Skills ●●●○○

Maschenprobe
10 x 10 cm =
14 einfache Stäbchen x 8 Reihen

Nadeln
myboshi Häkelnadel 4,5 mm,
Stick-/Vernähnadel

Größe eines Korbes
Klein ca. 16 cm
Groß ca. 22 cm

Material
myboshi Wolle No. 4
Farbe 1 493 Silber, 40 g
Farbe 2 451 Himmelblau, 40 g

www.selfmade-boshi.com/
4seasons/Koganei

Anleitung »

1 Stäbchenbündel kann zum einen aus 1 einfachen Stäbchen, 1 Luftmasche und 1 einfachen Stäbchen bestehen (1-1-1) und zum anderen aus 2 einfachen Stäbchen, 2 Luftmaschen und 2 einfachen Stäbchen (2-2-2).

GROSSES HÄKELKÖRBCHEN

Anfangsring unten in der Mitte mit F1 (siehe Seite 184). Gilt für das kleine und das große Häkelkörbchen. Runden werden geschlossen (siehe Seite 191). Fortan wird nun mit einfachen Stäbchen gearbeitet, die hier als „Stäbchen" bezeichnet werden. Alle anderen Maschenarten werden genau bezeichnet.

Farbe	Runde	Beschreibung	Anzahl Bündel/Büschel/ Maschen in Runde
F1	1.	in den Ring vom **Anfang** 14 Stäbchen arbeiten	14
F1	2.	jedes Stäbchen doppeln, also 2 Stäbchen in 1 Einstichstelle arbeiten	28
F2	3.	(1 Stäbchen + 1 Luftmasche häkeln) Klammer noch 27-mal wiederholen	56
F1	4.	um jede Luftmasche der Vorrunde (1 Büschelmasche (siehe Seite 188) + 1 Luftmasche) häkeln	28 Büschelmaschen
F2	5.	jeweils 1 Stäbchenbündel (1-1-1) um die Luftmasche nach der Büschelmasche häkeln	28 Stäbchenbündel (1-1-1)
F1	6.	(1 Büschelmasche + 1 Luftmasche in das Stäbchenbündel, 1 Stäbchenbündel (2-2-2) in das nächste Stäbchenbündel der Vorrunde häkeln) Klammer noch 13-mal wiederholen	14 Büschelmaschen + 14 Stäbchenbündel (2-2-2)
F1	7.	jeweils 1 Büschelmasche + 1 Luftmasche wie folgt häkeln: zwischen Büschelmasche und Stäbchenbündel der Vorrunde, um die Luftmaschen des Stäbchenbündels und in das 2. Stäbchen, also direkt vor die nächste Büschelmasche	42 Büschelmaschen
F2	8.	(1 Stäbchen um die Luftmaschen zwischen den Büschelmaschen + 2 Luftmaschen häkeln) Klammer noch 29-mal wiederholen	126
F1	9.	(1 Büschelmasche + 1 Luftmasche und um die nächsten beiden Luftmaschen 2 halbe Stäbchen, 1 Stäbchen, 2 halbe Stäbchen häkeln) Klammer fortan wiederholen	21 Büschelmaschen + 21 Stäbchen + 84 halbe Stäbchen
F2	10.	in die gleiche Einstichstelle wie die Kett- und Luftmasche 1 halbes Stäbchen häkeln, danach jeweils 1 halbes Stäbchen in die Luftmasche nach der Büschelmasche, in das Stäbchen der Vorrunde und in das 4. halbe Stäbchen direkt vor der Büschelmasche häkeln; fortan wiederholen	64
F1	11.	Abschlussrunde: Krebsmaschen häkeln (siehe Seite 189)	64

KLEINES HÄKELKÖRBCHEN

Anfangsring unten in der Mitte (siehe Seite 184), siehe großes Häkelkörbchen. Begonnen wird jedoch mit F2. Die Farbreihenfolge ist beim kleinen Häkelkörbchen im Vergleich zum großen Häkelkörbchen genau umgekehrt.

Farbe	Runde	Beschreibung	Anzahl Bündel/Büschel/ Maschen in Runde
F2	1.	in den Ring vom **Anfang** 10 Stäbchen arbeiten	10
F2	2.	jedes Stäbchen doppeln, also 2 Stäbchen in 1 Einstichstelle arbeiten	20
F1	3.	(1 Stäbchen + 1 Luftmasche häkeln) Klammer noch 19-mal wiederholen	40
F2	4.	um jede Luftmasche der Vorrunde (1 Büschelmasche + 1 Luftmasche) häkeln	20 Büschelmaschen

Farbe	Runde	Beschreibung	Anzahl Bündel/Büschel/ Maschen in Runde
F 1	5.	jeweils 1 Stäbchenbündel (1-1-1) um die Luftmasche nach der Büschelmasche häkeln	20 Stäbchenbündel (1-1-1)
F 2	6.	(1 Büschelmasche + 1 Luftmasche in das Stäbchenbündel, 1 Stäbchenbündel (2-2-2) in das nächste Stäbchenbündel der Vorrunde häkeln) Klammer noch 9-mal wiederholen	10 Büschelmaschen + 10 Stäbchenbündel (2-2-2)
F 2	7.	siehe großes Häkelkörbchen, jedoch mit der Maschenanzahl des kleinen Häkelkörbchens	30 Büschelmaschen
F 1	8.	siehe großes Häkelkörbchen, jedoch mit der Maschenanzahl des kleinen Häkelkörbchens	90
F 2	9.	siehe großes Häkelkörbchen, jedoch mit der Maschenanzahl des kleinen Häkelkörbchens	15 Büschelmaschen + 15 Stäbchen + 60 halbe Stäbchen
F 1	10.	siehe großes Häkelkörbchen, jedoch mit der Maschenanzahl des kleinen Häkelkörbchens	46
F 2	11.	Abschlussrunde: Krebsmaschen häkeln (siehe Seite 189)	46

Fertigstellung

Alle Fäden nach ca. 15 cm abschneiden und gut vernähen.

Trocknung

Nach dem Häkeln wird das Körbchen in Zuckerwasser (Mischung 1:1) getränkt, über eine feuerfeste Schale gestülpt und im Backofen bei niedrigster Temperaturstufe getrocknet. Nach ca. 2–3 h ist das Körbchen ausgehärtet. Die Form auskühlen lassen und anschließend ablösen. Alternativ zum Zuckerwasser kann auch Sprühstärke oder Textilsteif verwendet werden.

Farbideen

F 1 455 Marine, 40 g
F 2 491 Weiß, 40 g

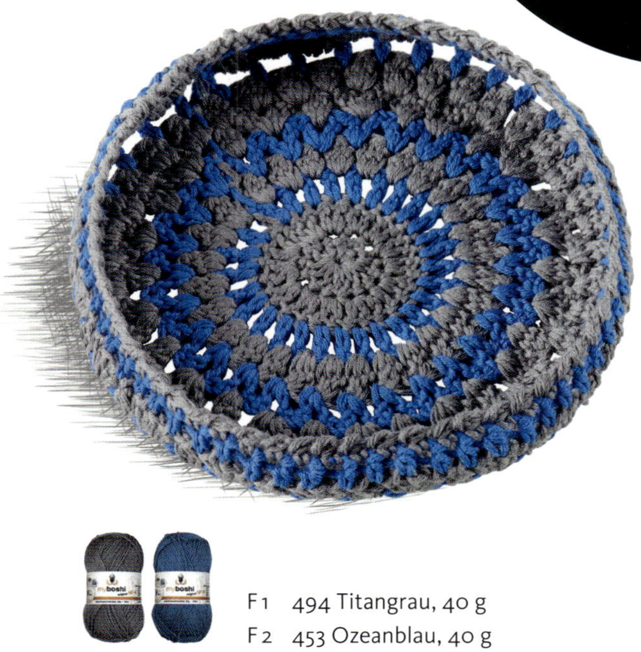

F 1 494 Titangrau, 40 g
F 2 453 Ozeanblau, 40 g

fertig in ca.
2,5h

Mie

Stäbchen, so weit das Auge reicht.
Die Boshi „Mie“ wird anfangs mit halben Stäbchen und später mit einfachen Stäbchen gehäkelt. Die vorletzte Runde begradigt die Mütze – sie wird mit festen Maschen und halben Stäbchen gearbeitet (siehe ab Seite 182).

Skills

Nadeln
myboshi Häkelnadel 6,0 mm,
Stick-/Vernähnadel

Material
myboshi Wolle No. 1
Farbe 1 163 Violett, 75 g

www.selfmade-boshi.com/
4seasons/Mie

Maschenprobe
10 x 10 cm =
12 halbe Stäbchen x 8 Reihen

Kopfumfang
Größe M 52–56 cm
Größe L 57–60 cm

Anleitung ››

Anfangsring oben mit F1 (siehe Seite 184). Gilt für Größe M und Größe L. Runden werden geschlossen (siehe Seite 191). Fortan wird nun mit einfachen Stäbchen gearbeitet, die hier als „Maschen" bezeichnet werden.

MIE für Größe M

Farbe	Runde	Beschreibung	Anzahl Maschen in Runde
F1	1.	in den Ring vom **Anfang** 14 halbe Stäbchen häkeln	14
F1	2.	1 Masche doppeln, also 2 Maschen in 1 Einstichstelle arbeiten, 1 Luftmasche häkeln, 1 Masche auslassen	14
F1	3.	zwischen die beiden einfachen Stäbchen aus der Vorrunde um die 1 Luftmasche 2 Maschen einfach häkeln, dabei wird quasi die Luftmasche umhäkelt; 1 Luftmasche häkeln, 2 Maschen einfach häkeln, 1 Luftmasche häkeln	28
F1	4.	um die Luftmasche zwischen den 4 Stäbchen der Vorrunde 3 Maschen einfach häkeln, 2 Luftmaschen häkeln, 3 Maschen einfach häkeln, 1 Luftmasche häkeln	42
F1	5.–9.	um die Luftmasche zwischen den 6 Stäbchen der Vorrunde 3 Maschen einfach häkeln, 2 Luftmaschen häkeln und weitere 3 Maschen einfach häkeln, 1 Luftmasche häkeln	42
F1	10.	1 halbes Stäbchen einfach häkeln, (4 feste Maschen einfach häkeln, 3 halbe Stäbchen einfach häkeln) Klammer noch 6-mal wiederholen	50
F1	11.	Abschlussrunde/Rückrunde: feste Maschen häkeln (siehe Seite 192)	50
		Ende für Größe M	

MIE für Größe L

Farbe	Runde	Beschreibung	Anzahl Maschen in Runde
F1	1.	in den Ring vom **Anfang** 16 halbe Stäbchen arbeiten	16
F1	2.–9.	siehe Größe M, nur 1 Stäbchengruppe mehr	16–54
F1	10.	1 halbes Stäbchen einfach häkeln, (4 feste Maschen häkeln, 3 halbe Stäbchen einfach häkeln) Klammer noch 6-mal wiederholen, 4 feste Maschen häkeln	54
F1	11.	54 feste Maschen einfach häkeln	54
F1	12.	Abschlussrunde/Rückrunde: feste Maschen häkeln (siehe Seite 192)	54
		Ende für Größe L	

Fertigstellung

Alle Fäden nach ca. 15 cm abschneiden und gut vernähen.

Farbideen

F1 163 Violett, 75 g

F1 357 Blaubeere, 115 g

F1 118 Cayenne, 75 g

myboshi

fertig in ca.
4,5h

Ageo
Laptop-Tasche

Schützt jeden Laptop und jedes Tablet.
Die Tasche „Ageo“ besteht aus dem Vorderteil, das mit einfachen Stäbchen, tiefgestochenen einfachen Stäbchen und festen Maschen gehäkelt wird, und aus dem Rückteil, das mit halben Stäbchen gehäkelt wird. Beides wird in Hin- und Rückreihen gearbeitet und am Ende an den Kanten mit Kettmaschen zusammengenäht. Ein Rand aus Krebsmaschen ziert die Verschlussklappe (siehe ab Seite 182).

Skills

Maschenprobe
10 x 10 cm =
12 halbe Stäbchen x 9 Reihen

Nadeln
myboshi Häkelnadel 6,0 mm,
Stick-/Vernähnadel

Größe 1: 15"-Laptop
ca. 37 x 25,5 x 3,5 cm

Material
myboshi Wolle No. 5

Farbe 1	561 Candy Purpur, 25 g
Farbe 2	535 Bordeaux, 25 g
Farbe 3	559 Saphir, 125 g
Farbe 4	593 Silber, 25 g
Farbe 5	565 Pflaume, 25 g

www.selfmade-boshi.com/
4seasons/Ageo

Anleitung »

Farbabfolge

Bei Größe 1 (15"-Laptop): Für das Vorderteil stets 2 Reihen von F 1 bis F 5 häkeln, bis 28 Reihen erreicht sind.
Bei Größe 2 (13"-Laptop): Für das Vorderteil stets 2 Reihen von F 1 bis F 5 häkeln, bis 26 Reihen erreicht sind.
Bei Größe 3 (Tablets in 24 x 17 cm): Für das Vorderteil stets 2 Reihen von F 1 bis F 5 häkeln, bis 20 Reihen erreicht sind.

15"-LAPTOP-TASCHE (Vorderteil)

Anfang unten: 42 Luftmaschen und 2 Wendeluftmaschen mit F 1 anschlagen. **Aufgepasst!** Am Ende jeder Reihe die Wendeluftmaschen nicht vergessen! Bei einfachen Stäbchen werden 2 Wendeluftmaschen und bei festen Maschen oder halben Stäbchen wird 1 Wendeluftmasche gehäkelt. Bei einem Farbwechsel werden die Wendeluftmaschen bereits mit der neuen Farbe gearbeitet.

Farbe	Reihe	Beschreibung	Anzahl Maschen in Reihe
F 1	1.	einfache Stäbchen häkeln	42
F 1	2.	feste Maschen häkeln	42
F 2	3.	(2 einfache Stäbchen häkeln, 1 tiefgestochenes einfaches Stäbchen um die Masche der 2. Reihe häkeln) Klammer fortan wiederholen	42
F 2	4.	feste Maschen einfach häkeln	42
F 3	5.	(1 einfaches Stäbchen häkeln, 1 tiefgestochenes einfaches Stäbchen um die Masche der 4. Reihe + 1 einfaches Stäbchen häkeln) Klammer fortan wiederholen	42
F 3	6.	feste Maschen einfach häkeln	42
F 4 + F 5 + F 1 + F 2 + F 3	7.–28.	R 3–6 wiederholen. **Aufgepasst!** Farbfolge beachten!	42
		Ende vom Vorderteil: Nach der letzten festen Masche noch 1 Luftmasche häkeln, den Faden nach ca. 15 cm abschneiden und durch diese letzte Masche ziehen.	

15"-LAPTOP-TASCHE (Rückteil mit schräger Verschlussklappe)

Anfang unten: die Maschen an die 1. Reihe der Vorderseite häkeln, also einfach das Vorderteil um 180° drehen, die letzte gehäkelte Reihe liegt unten, die 1. Reihe oben. Jetzt am rechten Rand den Faden durch die 1. Einstichstelle ziehen, 1 Luftmasche häkeln und in der gleichen Einstichstelle mit der 1. Masche beginnen. Fortan wird nun mit halben Stäbchen gearbeitet, die hier als „Maschen" bezeichnet werden.

Farbe	Reihe	Beschreibung	Anzahl Maschen in Reihe
F 3	1.–28. (Größe 1) 1.–26. (Größe 2) 1.–20. (Größe 3)	jede Masche einfach häkeln	42
F 3	29.	1. + 2. Masche zusammen abmaschen, alle anderen Maschen einfach häkeln	41
F 3	30.	1. + 2. und 3. + 4. Masche zusammen abmaschen, alle anderen Maschen einfach häkeln	39
F 3	31.–48.	R 29 + 30 fortan wiederholen	38–12
F 3	49.–54.	R 30 wiederholen	10–1

Beschreibung

Ende vom Rückteil: Nach der letzten Masche noch 1 Luftmasche häkeln, den Faden nach ca. 15 cm abschneiden und durch diese letzte Masche ziehen.

Fertigstellung

Alle Fäden gut vernähen. Nun die beiden schönen Außenseiten des Vorder- und Rückteils aufeinanderlegen und an den Seitenkanten mit Kettmaschen zusammenhäkeln. Anschließend die Verschlussklappe mit Krebsmaschen in F 3 umhäkeln. Fäden vernähen und die Tasche auf die Außenseite umstülpen.

Tipp: Wer möchte, kann noch einen großen Knopf zum Verschließen der Tasche annähen. Als Knopfloch dient eine kleine Luftmaschenkette, die an der Spitze der Klappe angenäht wird.

Alternativen

Für die folgenden Größen werden die unten angegebenen Maschenzahlen und Reihen benötigt:
13"-Laptop (32 x 24 cm): 39 Luftmaschen und Wendeluftmaschen anschlagen und bis zu R 26 häkeln.

Tablet (24 x 17 cm): 27 Luftmaschen und Wendeluftmaschen anschlagen und bis zu R 20 häkeln.

Farbideen

Größe 2: 13"-Laptop

F 1 591 Weiß, 20 g
F 2 515 Avocado, 20 g
F 3 521 Limettengrün, 120 g
F 4 562 Magenta, 15 g
F 5 552 Türkis, 15 g

Größe 3: Tablet

F 1 555 Marine, 10 g
F 2 550 Wolke, 10 g
F 3 596 Schwarz, 75 g
F 4 574 Kakao, 10 g
F 5 594 Titangrau, 10 g

fertig in ca.
3,5h

Suzuka

Unsere Kuschelschuhe halten die Füße warm.
Die Kuschelschuhe „Suzuka“ werden mit festen Maschen gehäkelt. Als Verzierung dient eine Umrandung aus Krebsmaschen (siehe ab Seite 182).

Skills

Maschenprobe
10 x 10 cm =
12 feste Maschen x 12 Reihen

Nadeln
myboshi Häkelnadel 6,0 mm,
Stick-/Vernähnadel

Größe 37/38

Länge	ca. 24 cm
Breite	ca. 12 cm

Material
myboshi Wolle No. 1

Farbe 1	175 Schlamm, 50 g
Farbe 2	118 Cayenne, 50 g

www.selfmade-boshi.com/
4seasons/Suzuka

Anleitung ››

SUZUKA

Anfangsring unten mit F 1 (siehe Seite 184). Runden werden geschlossen (siehe Seite 191). Fortan wird nun mit festen Maschen gearbeitet, die hier als „Maschen“ bezeichnet werden.

Farbe	Runde/Reihe	Beschreibung	Anzahl Maschen in Runde/Reihe
F 1	1.	in den Ring vom **Anfang** 9 Maschen arbeiten	9
F 2	2.	jede Masche doppeln, also 2 Maschen in 1 Einstichstelle arbeiten	18
F 1	3.	5 Maschen einfach häkeln, 1 Masche doppeln	21
F 2	4.	6 Maschen einfach häkeln, 1 Masche doppeln	24
F 1	5.	11 Maschen einfach häkeln, 1 Masche doppeln	26
F 2 + F 1	6.–15.	jede Masche einfach häkeln	26
		Aufgepasst! Nach der 15. Runde wird nur noch in Hin- und Rückreihen weitergearbeitet.	
F 1	16.	Nach dem Schließen der 15. Runde den Faden von F 1 oben auf die Maschenschlingen legen und in die nächsten Maschen mit einhäkeln. In F 2 werden 8 Maschen gehäkelt. Nun 1 Luftmasche mit F 1 häkeln und das Gehäkelte wenden. Die 1. Einstichstelle auslassen und 7 Maschen zurückhäkeln. Danach mit F 1 weiterarbeiten und 19 Maschen häkeln. Dabei immer in die Maschen der 15. Runde einstechen.	26
F 2	17. + 18.	jede Masche einfach häkeln	19
		Aufgepasst! Die Wendeluftmasche am Ende jeder Reihe nicht vergessen! Wird die Farbe gewechselt, die Wendeluftmasche bereits in der neuen Farbe häkeln.	
F 1	19. + 20.	jede Masche einfach häkeln	19
F 2	21. + 22.	jede Masche einfach häkeln	19
F 1	23. + 24.	jede Masche einfach häkeln	19
F 2	25. + 26.	jede Masche einfach häkeln	19
F 1	27.	8 Maschen einfach häkeln, 9. + 10., 11. + 12. Masche zusammen abmaschen, 7 Maschen einfach häkeln	17
F 1	28.	7 Maschen einfach häkeln, 8. + 9., 10. + 11. Masche zusammen abmaschen, 6 Maschen einfach häkeln	15
		Aufgepasst! Nach der 28. Reihe 1 Wendeluftmasche häkeln, das Gehäkelte wenden, die beiden Kanten aufeinanderlegen, damit eine Ferse entsteht, und mit Kettmaschen zusammenhäkeln.	
F 2	29.	Abschlussrunde/Rückrunde: Krebsmaschen (siehe Seite 189) als Verzierung um die Kanten des Schuhes häkeln	
		Vorgang für den 2. Schuh noch 1-mal wiederholen.	

Fertigstellung

Alle Fäden nach 15 cm abschneiden und gut vernähen.

Tipp: Für die verschiedenen Schuhgrößen das Zwischenstück von der 6. bis zur 15. Runde um beliebige Runden erweitern. Damit die Schuhe rutschfest werden, einfach ein Stück Antirutschmatte (z. B. aus dem Baumarkt) auf die Schuhgröße zuschneiden und an die Sohle nähen.

Farbideen

Größe 37/38
F 1 175 Schlamm, 50 g
F 2 118 Cayenne, 50 g

Größe 37/38
F 1 129 Jagdgrün, 50 g
F 2 128 Palme, 50 g

Größe 37/38
F 1 356 Eisblau, 75 g
F 2 355 Marine, 75 g

Vancouver

Stirnband und Loop

Stirnband-Loop-Kombination.

Der Loop wird in Reihen mit einer 1/1-Rippe und Nadelstärke 8 gestrickt. Nach dem Flechten des Zopfes wird er zu einem Rundschal zusammengenäht. Das Stirnband entsteht mit einem 2-farbigen Perlmuster. Dabei gibt es eine Grundfarbe. Farbe 2 und Farbe 3 wechseln sich in einem Streifenmuster ab. Zum Schmuck der Stirnbandkanten wird am Ende je 1 Krebsmaschenrunde um die Kanten gehäkelt (siehe ab Seite 182).

Skills

Maschenprobe
10 x 10 cm =
12 Maschen x 16 Reihen (glatt rechts und Perlmuster)

Nadeln
für das Stirnband: 6,0 mm, Rundstricknadel, 80 cm
für den Loop: 8,0 mm, Rundstricknadel, 80 cm
Stick-/Vernähnadel, Häkelnadel 6,0 mm

Kopfumfang
Größe M 52–56 cm
Größe L 57–60 cm

Größe Stirnband + Loop
Stirnband: Umfang je nach Kopfgröße, Breite ca. 12 cm
Loop: Umfang ca. 75 cm, Breite ca. 23 cm

Material
myboshi Wolle No. 1, für Stirnband und Loop

Farbe 1	165 Pflaume, Stirnband: 25 g, Loop: 175 g
Farbe 2	138 Magnolie, Stirnband: 25 g, Loop: 25 g
Farbe 3	134 Chilirot, Stirnband: 25 g, Loop: 25 g

www.selfmade-boshi.com/4seasons/Vancouver

Anleitung »

LOOP

Anfang: 48 Maschen mit F 1 anschlagen.

Farbe	Reihe	Beschreibung	Anzahl Maschen in Reihe
F 1	1.–16.	1/1-Rippenmuster stricken (siehe Seite 196)	48
		Aufgepasst! Jetzt wird der Schal in 3 Teile geteilt.	
F 2	17.–86.	den Faden von F 2 aufnehmen und 16 Maschen im Rippenmuster stricken	16
		Aufgepasst! Die 16 Maschen auf einer Nadel stilllegen und den Faden von F 2 nach ca. 15 cm abschneiden.	
F 3	17.–86.	zu R 16 und zur 17. Masche zurückkehren, den Faden von F 3 aufnehmen und ebenfalls 16 Maschen im Rippenmuster stricken	16
		Aufgepasst! Die 16 Maschen auf einer Nadel stilllegen und den Faden von F 3 nach ca. 15 cm abschneiden!	
F 1	17.–86.	zu R 16 und zur 33. Masche zurückkehren, den Faden von F 1 aufnehmen und 16 Maschen im Rippenmuster stricken	16
		Aufgepasst! Jetzt werden die 3 breiten Streifen geflochten. Darauf achten, dass das Mittelstück F 3 nach dem Flechten wieder in der Mitte liegt. Nur F 2 und F 1 haben die Position getauscht.	
F 1	87.	Rippenmuster über die ganze Breite stricken und dabei die einzelnen 3 Teile mit ihren jeweils 16 Maschen wieder aufnehmen	48
F 1	88.–102.	Rippenmuster stricken	48
		Fertigstellung	
		Die letzte Reihe abketten. Anschließend die erste Reihe und die letzte Reihe zusammennähen.	

STIRNBAND für Größe M

Anfang: 18 + 2 Randmaschen mit F 1 anschlagen.

Farbe	Reihe	Beschreibung	Anzahl Maschen in Reihe
F 1	1.	1 Randmasche, 1 Masche rechts, (1 Masche rechts, 1 Masche links abheben » Faden **hinter** der Arbeit!) Klammer noch 7-mal wiederholen, 1 Masche rechts, 1 Randmasche	20
F 1	2.	1 Randmasche, 1 Masche rechts, (1 Masche links abheben » Faden **vor** der Arbeit!), 1 Masche rechts) Klammer noch 7-mal wiederholen, 1 Masche rechts, 1 Randmasche	20
F 2	3.	1 Randmasche, 1 Masche rechts, (1 Masche links abheben » Faden **hinter** der Arbeit!, 1 Masche rechts) Klammer noch 7-mal wiederholen, 1 Masche rechts, 1 Randmasche	20
F 2	4.	1 Randmasche, 1 Masche rechts, (1 Masche rechts, 1 Masche links abheben » Faden **vor** der Arbeit!) Klammer noch 7-mal wiederholen, 1 Masche rechts, 1 Randmasche	20

Farbe	Reihe	Beschreibung	Anzahl Maschen in Reihe
F 1 + F 2	5.–12.	1.–4. R stets wiederholen	20
		Tipp: Nach den Farbwechseln von F 2 mit F 1 und F 3 mit F 1 kann der Faden der gerade nicht benötigten Farbe jeweils nach ca. 15 cm abgeschnitten und bei Gebrauch wieder neu aufgenommen werden.	
		Aufgepasst! Statt F 2 wird nun F 3 zur Grundfarbe kombiniert.	
F 1 + F 3	13.–24.	1.–4. R stets wiederholen	20
F 1 + F 2 + F 3	25.–72.	5.–24. R 2-mal wiederholen	20

STIRNBAND für Größe L

Anfang: 20 + 2 Randmaschen mit F 1 anschlagen. Größe L ist 2 Maschen breiter und 4 Reihen länger.

Beschreibung

Gestrickt wird wie bei Größe M mit 2 zusätzlichen Maschen im Perlmuster (siehe Seite 197). Nach der 72. Reihe werden nochmal die Reihen 1–4 wiederholt und anschließend folgt die Fertigstellung.

Fertigstellung

Die letzte Reihe mit F 1 abketten, dabei ALLE Maschen, die auf der Nadel liegen, abketten. Den Faden nach ca. 1 m abschneiden und die 1. Reihe mit der letzten Reihe zusammennähen.

Anschließend wird mit F 1 an der oberen und an der unteren Kante je 1 Krebsmaschenrunde gehäkelt.

Farbideen

F 1 396 Schwarz, Stirnband: 40 g, Loop: 265 g
F 2 326 Jade, Stirnband: 40 g, Loop: 40 g
F 3 393 Silber, Stirnband: 40 g, Loop: 40 g

F 1 174 Kakao, Stirnband: 25 g, Loop: 175 g
F 2 112 Senf, Stirnband: 25 g, Loop: 25 g
F 3 157 Blaubeere, Stirnband: 25 g, Loop: 25 g

myboshi

fertig in ca.
10 h

Maebashi

Unser Poncho für die kühleren Tage des Jahres.

Der Poncho „Maebashi“ beginnt mit dem doppelten Luftmaschenanschlag, gefolgt von einfachen Stäbchen und Stäbchenbündeln. Danach wird die Kapuze mit einfachen Stäbchen gehäkelt und mit festen Maschen am Poncho befestigt (siehe ab Seite 182).

Skills ●●●●○

Maschenprobe
10 x 10 cm =
12 einfache Stäbchen x 5 Reihen

Nadeln
myboshi Häkelnadel 6,0 mm,
Stick-/Vernähnadel

Größe
Größe M 36/38
Die Anleitung für Größe S und L findest du unter dem QR-Code.

Material
myboshi Wolle No. 1 und No. 3
Farbe 1 365 Pflaume, 1.425 g
Farbe 2 128 Palme, 50 g

www.selfmade-boshi.com/4seasons/Maebashi

Anleitung >>

1 Stäbchenbündel besteht aus 2 einfachen Stäbchen, 1 Luftmasche und 2 einfachen Stäbchen und wird in 1 Einstichstelle gehäkelt.

PONCHO für Größe M

Anfang oben: 76 doppelte Luftmaschen (siehe Seite 189) mit F 1 anschlagen. Runden werden in der 2. Luftmasche geschlossen (siehe Seite 191). Fortan wird nun mit einfachen Stäbchen gearbeitet, die hier als „Stäbchen" bezeichnet werden.

Farbe	Runde/Reihe	Beschreibung	Anzahl Bündel/Stäbchen in Runde/Reihe
F 1	1. + 2.	jedes Stäbchen einfach häkeln	76
F 1	3.	17 Stäbchen einfach, 2 Stäbchen doppeln, 36 Stäbchen einfach, 2 Stäbchen doppeln, 19 Stäbchen einfach	80
F 1	4.	17 Stäbchen einfach, 1 Stäbchen doppeln, 1 Stäbchen einfach, 1 Stäbchen doppeln, 37 Stäbchen einfach, 1 Stäbchen doppeln, 1 Stäbchen einfach, 1 Stäbchen doppeln, 20 Stäbchen einfach	84
F 1	5.	18 Stäbchen einfach, 2 Stäbchen doppeln, 40 Stäbchen einfach, 2 Stäbchen doppeln, 22 Stäbchen einfach	88
F 1	6.	19 Stäbchen einfach, 1 Stäbchen doppeln, 1 Stäbchen einfach, 1 Stäbchen doppeln, 41 Stäbchen einfach, 1 Stäbchen doppeln, 1 Stäbchen einfach, 1 Stäbchen doppeln, 22 Stäbchen einfach	92
F 1	7.	21 Stäbchen einfach, 2 Stäbchen doppeln, 44 Stäbchen einfach, 2 Stäbchen doppeln, 23 Stäbchen einfach	96
F 1	8.	22 Stäbchen einfach, 1 Stäbchen doppeln, 1 Stäbchen einfach, 1 Stäbchen doppeln, 45 Stäbchen einfach, 1 Stäbchen doppeln, 1 Stäbchen einfach, 1 Stäbchen doppeln, 23 Stäbchen einfach	100
F 1	9.	24 Stäbchen einfach, 2 Stäbchen doppeln, 48 Stäbchen einfach, 2 Stäbchen doppeln, 24 Stäbchen einfach	104
F 1	10.	25 Stäbchen einfach, 1 Stäbchen doppeln, 1 Stäbchen einfach, 1 Stäbchen doppeln, 49 Stäbchen einfach, 1 Stäbchen doppeln, 1 Stäbchen einfach, 1 Stäbchen doppeln, 24 Stäbchen einfach	108
F 1	11.	27 Stäbchen einfach, 2 Stäbchen doppeln, 52 Stäbchen einfach, 2 Stäbchen doppeln, 25 Stäbchen einfach	112
F 1	12.	27 Stäbchen einfach, 1 Stäbchen doppeln, 1 Stäbchen einfach, 1 Stäbchen doppeln, 53 Stäbchen einfach, 1 Stäbchen doppeln, 1 Stäbchen einfach, 1 Stäbchen doppeln, 26 Stäbchen einfach	116
F 1	13.	30 Stäbchen einfach, 2 Stäbchen doppeln, 56 Stäbchen einfach, 2 Stäbchen doppeln, 26 Stäbchen einfach	120
F 1	14.	jedes Stäbchen einfach häkeln	120
F 3	15.	nach dem Rundenschluss in die nächste Einstichstelle (1 Stäbchenbündel häkeln, 2 Maschen auslassen) Klammer fortan wiederholen	40 Stäbchenbündel
F 3	16.–18.	jeweils 1 Stäbchenbündel um die Luftmaschen des Stäbchenbündels der Vorrunde häkeln	40 Stäbchenbündel
F 3	19.	Stäbchenbündel OHNE Luftmasche zwischen den Stäbchen häkeln	40 Stäbchenbündel
		Aufgepasst! Ab sofort wird nun für beide Armausschnitte in Reihen weitergearbeitet. Begonnen wird dabei zuerst mit dem Vorderteil.	

Vorderteil

Farbe	Runde/Reihe	Beschreibung	Anzahl Bündel/ Stäbchen in Runde/Reihe
F1	20. Reihe	nach dem Rundenschluss die 1. Einstichstelle auslassen, danach in jede Einstichstelle einstechen, 39 Stäbchen einfach, 1 Stäbchen doppeln, 39 Stäbchen einfach	80
		Aufgepasst! Am Ende jeder Reihe die 2 Wendeluftmaschen nicht vergessen.	
F1	21. Reihe	38 Stäbchen einfach, 1 Stäbchen doppeln, 1 Stäbchen einfach, 1 Stäbchen doppeln, 39 Stäbchen einfach	82
F2	22. Reihe	40 Stäbchen einfach, 2 Stäbchen doppeln, 40 Stäbchen einfach	84
F2	23. Reihe	40 Stäbchen einfach, 1 Stäbchen doppeln, 1 Stäbchen einfach, 1 Stäbchen doppeln, 41 Stäbchen einfach	86
F1	24. Reihe	41 Stäbchen einfach, 2 Stäbchen doppeln, 43 Stäbchen einfach	88
F1	25. Reihe	43 Stäbchen einfach, 1 Stäbchen doppeln, 1 Stäbchen einfach, 1 Stäbchen doppeln, 42 Stäbchen einfach	90
F2	26. Reihe	43 Stäbchen einfach, 2 Stäbchen doppeln, 45 Stäbchen einfach	92
F2	27. Reihe	45 Stäbchen einfach, 1 Stäbchen doppeln, 1 Stäbchen einfach, 1 Stäbchen doppeln, 44 Stäbchen einfach	94
F1	28. Reihe	45 Stäbchen einfach, 2 Stäbchen doppeln, 47 Stäbchen einfach	96
F1	29. Reihe	47 Stäbchen einfach, 3 Stäbchen doppeln, 46 Stäbchen einfach	99
		Aufgepasst! Auf das letzte Stäbchen noch 1 Luftmasche setzen und den Faden nach ca. 25 cm abschneiden. Nach der 29. Reihe des Vorderteils wird nun das Rückteil gehäkelt. Dafür zur 19. Runde zurückkehren.	

Rückteil

Farbe	Runde/Reihe	Beschreibung	Anzahl Bündel/ Stäbchen in Runde/Reihe
F1 + F2	20.–29. Reihe	Das Rückteil wird mit der gleichen Anzahl an Maschen gehäkelt wie das Vorderteil.	80–99
		Aufgepasst! Nach der 29. Reihe des Rückteils wird nun in Runden weitergehäkelt. Dazu die 29. Reihe des Rückteils mit der 29. Reihe des Vorderteils mit 1 Kettmasche in der 2. Luftmasche des Vorderteils schließen und mit der 30. Runde beginnen.	
F3	30. Runde	nach dem Rundenschluss in die nächste Einstichstelle 1 Stäbchenbündel häkeln, (2 Maschen auslassen, 1 Stäbchenbündel häkeln) Klammer fortan wiederholen	66 Stäbchenbündel
F3	31. + 32.	jeweils 1 Stäbchenbündel um die Luftmaschen des Stäbchenbündels der Vorrunde häkeln	66 Stäbchenbündel
F3	33.	Stäbchenbündel OHNE Luftmaschen zwischen den Stäbchenbündeln häkeln	66 Stäbchenbündel
F3	34.	in jedes Stäbchen 1 Stäbchen einfach häkeln	264
F2	35.	feste Maschen häkeln	264
		Ende vom Rückteil: Die Runde mit 1 Kettmasche schließen, Faden nach ca. 15 cm abschneiden und durch die Kettmasche ziehen.	

Kapuze

Anfang unten: 64 doppelte Luftmaschen (siehe Seite 189) und 2 Wendeluftmaschen mit F 1 anschlagen. **Aufgepasst!** Die 2 Wendeluftmaschen am Ende einer Reihe nicht vergessen! Für die Kapuze wird ein Rechteck gehäkelt, das am Ende oben am Poncho befestigt wird.

Farbe	Reihe	Beschreibung	Anzahl Stäbchen in Reihe
F 1	1.–17.	jedes Stäbchen einfach häkeln	64

Ende des Ponchos: Die 17. Reihe halbieren, also die Kanten aufeinanderlegen und mit festen Maschen zusammenhäkeln. Anschließend die Naht des Ponchos nach hinten legen. Die Kapuze mittig im Abstand von 12 Maschen am Poncho befestigen und dabei feste Maschen verwenden.

Aufgepasst! Der doppelte Luftmaschenanschlag dient als Kante der Kapuze. Er kann anschließend noch verziert werden.

Fertigstellung/Verzierung

Alle übrigen Fäden gut vernähen. Danach die Armausschnitte und den Kapuzenrand mit festen Maschen umhäkeln.

Tipp: Für einen besseren Halt der Armausschnitte können zunächst die vorhandenen Fäden zum Zusammennähen verwendet werden.

Die Anleitung für Größe S und L findest du hier:

www.selfmade-boshi.com/4seasons/Maebashi

Farbideen

Größe M
F 1 194 Titangrau, 550 g
F 2 111 Curry, 150 g
F 3 174 Kakao, 350 g

Größe S
F 1 151 Himmelblau, 130 g
F 2 138 Magnolie, 150 g
F 3 136 Puder, 200 g
F 4 155 Marine, 120 g

Yonago

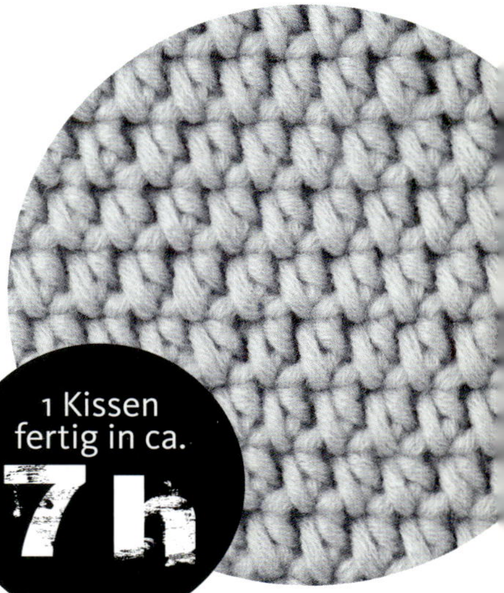

1 Kissen fertig in ca. **7h**

Schlichte und doch raffinierte Kissen.
Die Kissenhüllen werden mit halben Stäbchen als Schlauch in Runden gehäkelt. Die Verzierungen werden am Ende aufgestickt und der jeweilige Verschluss wird angebracht (siehe ab Seite 182).

Skills

Maschenprobe
10 x 10 cm =
12 halbe Stäbchen x 8 Reihen

Nadeln
myboshi Häkelnadel 6,0 mm,
Stick-/Vernähnadel

Größe
Breite ca. 48 cm
Länge ca. 48 cm

Material
myboshi Wolle No. 1,
Kissenfüllung 40 x 40 cm
Die jeweiligen Farben werden bei den Anleitungen genannt.

www.selfmade-boshi.com/4seasons/Yonago

Anleitung »

F1 193 Silber, 295 g
F2 150 Wolke, 20 g
F3 141 Rouge, 15 g

UNIKISSEN mit Umschlag und Stickerei

Anfang unten: 40 Luftmaschen und 1 Wendeluftmasche mit F1 anschlagen. Runden werden geschlossen (siehe Seite 191).
Fortan wird nun mit halben Stäbchen gearbeitet, die hier als „Maschen" bezeichnet werden.

Farbe	Runde/Reihe	Beschreibung	Anzahl Maschen in Runde/Reihe
F1	1.	siehe 1. Rd bei Streifenkissen mit Stickerei (siehe Seite 124)	80
		Aufgepasst! Ab sofort werden alle Runden geschlossen.	
F1	2.	jede Masche einfach häkeln	80
F1	3.–30.	2. Rd wiederholen	80
		Aufgepasst! Nach der 30. Runde geht es in Reihen weiter. Diese Reihen dienen später als Verschluss und werden umgeklappt.	
F1	31.–42.	jede Masche einfach häkeln	80
		Aufgepasst! Die Wendeluftmasche am Ende jeder Reihe nicht vergessen!	
		Ende: Auf die letzte Masche noch 1 Luftmasche häkeln, Faden nach ca. 15 cm abschneiden und durch diese Luftmasche ziehen.	

Verzierung

Die Verzierung besteht aus 2 Runden Kettmaschen, die im Anschluss hinzugefügt werden.

Für die beiden Runden mit Kettmaschen (siehe Seite 186) das Kissen so vor sich hinlegen, dass das geschlossene Ende nach unten zeigt. Nun den Faden von F3 am rechten Rand zwischen den Maschen der 2. und 3. Runde vom Kisseninneren mit der Nadel nach außen holen und 1 Luftmasche häkeln. Als Nächstes wird um den Maschenhals der folgenden Masche 1 Kettmasche gehäkelt. Das Umhäkeln des Maschenhalses mit Kettmaschen wird nun bis zum Ende der Runde beibehalten. Anschließend mit F2 eine weitere Kettmaschenrunde zwischen die 3. und 4. Runde häkeln.

Verschluss

Der Verschluss besteht aus 4 Knöpfen und 1 Knopflochleiste. Die Knopflochleiste wird mit festen Maschen und Luftmaschen an die Verschlussklappe gehäkelt:

Dazu das Kissen mit den Verzierungen nach unten vor sich hinlegen, den Verschluss aufklappen und am rechten Rand in die Luftmasche der 42. Reihe einstechen. Den Faden von F 3 durchholen, 1 Luftmasche und 1 feste Masche in die gleiche Einstichstelle häkeln. Anschließend noch weitere 4 feste Maschen häkeln.

Für die Knopflöcher werden 4 Luftmaschenketten benötigt. Deshalb nach der 4. festen Masche 12 Luftmaschen häkeln. Diese Luftmaschenkette wird befestigt, indem man in die nächste Einstichstelle 1 feste Masche arbeitet. 10 feste Maschen häkeln, 12 Luftmaschen und die Luftmaschenkette mit 1 festen Masche fixieren.

Anschließend 9 feste Maschen häkeln, eine 3. Luftmaschenkette, 9 feste Maschen und die 4. Luftmaschenkette häkeln. Nachdem die letzte Luftmaschenkette mit 1 festen Masche in der nächsten Einstichstelle fixiert wurde, werden noch 3 feste Maschen gehäkelt. Auf die letzte Masche noch 1 Luftmasche setzen, den Faden nach ca. 15 cm abschneiden und durch diese letzte Masche ziehen.

Knöpfe

Nach ca. 40 cm mit F 2 den Anfangsknoten und den Anfangsring (siehe Seite 184) bilden. In diesen Ring 12 halbe Stäbchen und danach 1 Runde mit Kettmaschen häkeln. Den Faden nach ca. 15 cm abschneiden. Vorgang noch 3-mal wiederholen.

Als Nächstes die Verschlussklappe über dem Kissen zuklappen und auf Höhe der Knopflochleiste die 4 Knöpfe annähen. Dazu mit der Nadel von innen durch die Knopfmitte hin zum Kettmaschenrand rundherum nähen.

Fertigstellung

Alle Fäden nach ca. 15 cm abschneiden und gut vernähen.

F 1 355 Marine, 465 g
F 2 458 Meerblau, 5 g
F 3 437 Aprikose, 5 g
F 4 492 Elfenbein, 5 g

UNIKISSEN mit Umschlag und Kreuzstickerei

Beschreibung

Dieses Kissen wird wie das vorher beschriebene Kissen gehäkelt. Der Unterschied liegt nur in der Verzierung.

Verzierung

Zur Verzierung die Kreuze mit F 2, F 3 und F 4 nach Belieben aufsticken (siehe Seite 197).

Fertigstellung

Alle Fäden nach ca. 15 cm abschneiden und gut vernähen.

F 1 192 Elfenbein, 100 g
F 2 112 Senf, 100 g
F 3 171 Beige, 50 g
F 4 162 Magenta, 20 g

STREIFENKISSEN mit Stickerei

Anfang unten: 40 Luftmaschen und 1 Wendeluftmasche mit F 1 anschlagen. Die Runden werden geschlossen (siehe Seite 191). Fortan wird nun mit halben Stäbchen gearbeitet, die hier als „Maschen" bezeichnet werden.

Farbe	Runde	Beschreibung	Anzahl Maschen in Runde
F 1	1.	40 Maschen häkeln, dabei jedoch nur in die hintere Maschenschlinge einstechen. Anschließend das Gehäkelte um 180° drehen und erneut 40 Maschen in die vordere Maschenschlinge häkeln.	80
		Aufgepasst! Ab sofort werden alle Runden geschlossen.	
F 2	2.	jede Masche einfach häkeln	80
F 1	3.	jede Masche einfach häkeln	80
F 1 + F 2	4.–12.	Rd 2 + 3 wiederholen	80
F 3	13.–18.	jede Masche einfach häkeln	80
F 2 + F 1	19.–30.	Rd 12–1 wiederholen, begonnen wird die 19. Rd mit F 2	80

Ende: Auf die letzte Masche noch 1 Luftmasche häkeln, Faden nach ca. 15 cm abschneiden und durch diese Luftmasche ziehen.

Verzierung

Als Verzierung wird mit F 4 ein Zackenmuster am oberen und am unteren Rand des in der Mitte mit F 3 gearbeiteten Blockstreifens angebracht. Die Zacken werden über 2 Reihen und im Abstand von 4 Maschen jeweils um den Maschenhals gestickt. In der Mitte wird dann 1 Maschenhals 3-mal umwickelt, damit ein Punkt entsteht.

Verschluss

Als Verschluss dient eine Luftmaschenkette mit 150 Luftmaschen in F 4.

Fertigstellung

Alle Fäden nach ca. 15 cm abschneiden und gut vernähen.

Farbideen

F 1 193 Silber, 295 g
F 2 150 Wolke, 20 g
F 3 141 Rouge, 15 g

F 1 355 Marine, 465 g
F 2 458 Meerblau, 5 g
F 3 437 Aprikose, 5 g
F 4 492 Elfenbein, 5 g

F 1 192 Elfenbein, 100 g
F 2 112 Senf, 100 g
F 3 171 Beige, 50 g
F 4 162 Magenta, 20 g

myboshi around the world

Wer uns ein bisschen näher kennenlernt, wird schnell merken, dass wir uns nicht nur für Skifahren und Boshis interessieren, sondern auch gern die Welt erkunden. Fremde Kulturen, außergewöhnliche Landschaften und die Natur zählten schon immer zu unseren Leidenschaften.

Umso mehr freuen wir uns über die vielen Lebensgeschichten und Erfahrungen, die überall auf der Welt durch myboshi entstanden sind, und wir freuen uns über jede weitere Geschichte, die uns erreicht.

Zwei davon möchten wir an dieser Stelle mit dir teilen.

myboshi im Kloster

Im südlichen Teil der Region Solukhumbu in Nepal liegt das Kloster Serlo. Sein kompletter tibetischer Name ist Ngagyur Sergon Lungrig Sheddup. Es wurde 1959 von dem berühmten Mönch, Lehrer und Forscher Ven. Khenpo Sangye Tenzin (1924–1990) gegründet, liegt 2.870 Meter über dem Meeresspiegel und bietet eine atemberaubende Sicht auf den Berg Shorong Yulha, der mit 6.959 Metern Höhe die Schutzgottheit der Region Solukhumbu ist.

Nach der Gründung einer eigenen Klosterschule im Jahr 1998 und dem ersten Abschlussjahrgang 2008 genießt das Kloster Serlo unter allen tibetisch-buddhistischen Gemeinden des nepalesischen Hochlands heute den Ruf eines einzigartigen Zentrums für die Praxis und die Lehre des buddhistischen Glaubens.

Mit Tulku Pema Tharchin Lama Rinpoche, dem Leiter des Klosters Serlo, und drei Lehrern umfasst die Klostergemeinde gegenwärtig circa 75 Mönche, von denen der Großteil zwischen elf und 18 Jahre alt ist. Etwa 20 Mönche sind zwischen 18 und 25 Jahre alt.

Das Kloster verfügt über ein eigenes permanentes, wasserbetriebenes Stromversorgungssystem, was in dieser Region schon eine Besonderheit darstellt. Regelmäßig finden Volontäre ihren Weg in diesen abgelegenen Flecken der Erde, um den jungen Klosterschülern Unterricht zu erteilen und eine einzigartige Lebenserfahrung von Gastfreundschaft, Güte und Zufriedenheit zu machen.

Und so wurde die tolle Geschichte an uns herangetragen, dass die Mönche des Klosters während ihrer Unterrichtsstunden das Häkeln von Boshis erlernten und sich mit dem Häkelvirus ansteckten. In den oftmals empfindlich kalten Nächten des Bergklosters ist eine warme Boshi ein wahrer Segen. Bis heute wird das Kloster Serlo von München aus durch unseren Boshi-Partner „Wolle & Schönes" mit Boshi-Wolle versorgt.

myboshi in Madagaskar

Im September 2013 erreichte uns eine Mail von Joana. Sie hat zehn Monate für das Projekt „Antseranantsoa" in Madagaskar gearbeitet.

Madagaskar ist eines der ärmsten Länder der Welt. Die Hälfte aller Madegassen lebt unter der Armutsgrenze von 1 US-Dollar pro Tag. Die

myboshi im Kloster

myboshi in Madagaskar

ländlichen Regionen sind besonders betroffen: Dort verfügen nur 12 Prozent der Bevölkerung über sauberes Trinkwasser, 2,2 Prozent über angemessene sanitäre Anlagen. Rund ein Drittel der erwachsenen Landbevölkerung ist nicht alphabetisiert, nur 50 Prozent der Kinder im Grundschulalter besuchen regelmäßig den Unterricht (Quellen: United Nations Development Programme, UNICEF 2005).

Das Projekt „Antseranantsoa" (auf Madegassisch „im sicheren Hafen") wurde von der Organisation „NY HARY" gegründet – mit dem Ziel, Schülerinnen und Schülern aus ländlichen Gegenden oder besonders armen Familien den Zugang zum Bildungssystem zu ermöglichen. Damit werden auch sichere Alternativen zur Kinderarbeit geboten. Und über das Sicherstellen der notwendigen Grundversorgung wird gleichzeitig ein erfolgreicher Schulbesuch ermöglicht.

Joana hat sich zehn Monate Zeit genommen und mit den Kindern spielend Lernprogramme entwickelt, getanzt, gebastelt und Boshis gehäkelt. Besonders in der Trockenzeit sind die Nächte in Madagaskar bitterkalt. Daher war und ist die Freude über die eigenen Boshis besonders groß.

Anleitung online unter

www.selfmade-boshi.com/
4seasons/Winter

FRÜHLING

SEASON

myboshi

fertig in ca.
4,5 h

Aomori

Eine hübsche Boshi für die Dame oder den Herrn. Die ornamentale Struktur im unteren Drittel macht diese Boshi zu etwas Besonderem. Die Boshi „Aomori“ wird mit einfachen Stäbchen, halben Stäbchen, festen Maschen, Luftmaschen und tiefgestochenen einfachen Stäbchen gehäkelt. Durch das Wechseln von einfachen Stäbchen und tiefgestochenen Stäbchen ergibt sich ein interessantes Streifenmuster (siehe ab Seite 182).

Skills

Maschenprobe
10 x 10 cm =
14 halbe Stäbchen x 10 Reihen

Nadeln
myboshi Häkelnadel 4,5 mm,
Stick-/Vernähnadel

Kopfumfang
Größe M 52–56 cm
Größe L 57–60 cm

Material
myboshi Wolle No. 4
Farbe 1 494 Titangrau, 50 g
Farbe 2 453 Ozeanblau, 50 g

www.selfmade-boshi.com/4seasons/Aomori

Anleitung »

Anfangsring oben mit F 1 (siehe Seite 184). Gilt für Größe M und Größe L. Runden werden geschlossen (siehe Seite 191). **Aufgepasst!** Bei einfachen Stäbchen am Rundenanfang werden 2 Luftmaschen gehäkelt. Fortan wird nun mit einfachen Stäbchen gearbeitet, die hier als „Stäbchen" bezeichnet werden. Alle anderen Maschenarten werden genau bezeichnet.

AOMORI für Größe M

Farbe	Runde	Beschreibung	Anzahl Maschen in Runde
F 1	1.	in den Ring vom **Anfang** 12 Stäbchen arbeiten	12
F 2	2.	jedes halbe Stäbchen doppeln, also 2 Maschen in 1 Einstichstelle arbeiten	24
F 1	3.	2 feste Maschen einfach häkeln, 1 feste Masche doppeln	32
F 2	4.	3 halbe Stäbchen einfach häkeln, 1 halbes Stäbchen doppeln	40
F 2	5.	(1 halbes Stäbchen + 1 Luftmasche einfach häkeln, 1 Einstichstelle auslassen, 1 halbes Stäbchen + 1 Luftmasche einfach häkeln, 1 Einstichstelle auslassen, in der nächsten Einstichstelle 1 halbes Stäbchen doppeln) Klammer noch 7-mal wiederholen	48
F 1	6.	(1 halbes Stäbchen einfach häkeln, 1 tiefgestochenes Stäbchen in die 4. Rd, 1 halbes Stäbchen einfach häkeln, 1 tiefgestochenes Stäbchen in die 4. Rd, 1 halbes Stäbchen einfach häkeln, 1 halbes Stäbchen doppeln) Klammer noch 7-mal wiederholen	56
F 2	7.	6 feste Maschen einfach häkeln, 1 feste Masche doppeln	64
F 2	8.	((1 halbes Stäbchen + 1 Luftmasche einfach häkeln, 1 Einstichstelle auslassen) Klammer noch 2-mal wiederholen, 2 halbe Stäbchen einfach häkeln) große Klammer noch 7-mal wiederholen	64
F 1 + F 2	9.–24.	siehe Größe L, jedoch mit der Anzahl an Maschen von Größe M	64
		Aufgepasst! Nach jeder Runde wechselt die Farbe!	
F 2 + F 1	25.–30.	siehe Größe L, jedoch mit der Anzahl an Maschen von Größe M	64
F 2	31.	Rd 13 wiederholen, siehe Größe L, jedoch mit der Anzahl an Maschen von Größe M	64
F 1	32.	Abschlussrunde/Rückrunde: feste Maschen häkeln (siehe Seite 192)	64

AOMORI für Größe L

Größe L ist 8 Maschen breiter und 3 Runden länger als Größe M.

Farbe	Runde	Beschreibung	Anzahl Maschen in Runde
F 1	1.	in den Ring vom **Anfang** 12 Stäbchen arbeiten	12
F 2	2.	jedes halbe Stäbchen doppeln, also 2 Maschen in 1 Einstichstelle arbeiten	24
F 1	3.	2 feste Maschen einfach häkeln, 1 feste Masche doppeln	32
F 2	4.	3 halbe Stäbchen einfach häkeln, 1 halbes Stäbchen doppeln	40
F 2	5.	(1 halbes Stäbchen + 1 Luftmasche einfach häkeln, 1 Einstichstelle auslassen, 1 halbes Stäbchen + 1 Luftmasche einfach häkeln, 1 Masche auslassen, in der nächsten Einstichstelle 1 halbes Stäbchen doppeln) Klammer noch 7-mal wiederholen	48
F 1	6.	(1 halbes Stäbchen einfach häkeln, 1 tiefgestochenes Stäbchen in die 4. Rd, 1 halbes Stäbchen einfach häkeln, 1 tiefgestochenes Stäbchen in die 4. Rd, 1 halbes Stäbchen einfach häkeln, 1 halbes Stäbchen doppeln) Klammer noch 7-mal wiederholen	56

Farbe	Runde	Beschreibung	Anzahl Maschen in Runde
F 2	7.	6 feste Maschen einfach häkeln, 1 feste Masche doppeln	64
F 2	8.	((1 halbes Stäbchen + 1 Luftmasche einfach häkeln, 1 Einstichstelle auslassen) Klammer noch 2-mal wiederholen, 1 halbes Stäbchen einfach häkeln, 1 halbes Stäbchen doppeln) große Klammer noch 7-mal wiederholen	72
F 1	9.	jeweils 1 halbes in 1 halbes Stäbchen der Vorrunde häkeln und bei der Luftmasche 1 tiefgestochenes Stäbchen in die 7. Rd häkeln	72
F 1	10.	(1 halbes Stäbchen + 1 Luftmasche einfach häkeln, 1 Einstichstelle auslassen) Klammer fortan wiederholen	72
F 1	11.	jedes Stäbchen einfach häkeln: Stäbchen in die halben Stäbchen und um die Luftmasche ebenfalls 1 Stäbchen häkeln	72
F 1	12.	(1 halbes Stäbchen + 1 Luftmasche einfach häkeln, 1 Einstichstelle auslassen) Klammer fortan wiederholen	72
F 2	13.	1 halbes Stäbchen einfach häkeln und bei der Luftmasche 1 tiefgestochenes Stäbchen in die 11. Rd häkeln	72
F 2	14.	jedes Stäbchen einfach häkeln – sowohl in die halben Stäbchen als auch um alle Maschenglieder der tiefgestochenen Stäbchen der Vorrunde (in den Zwischenraum)	72
F 2	15.	(1 halbes Stäbchen + 1 Luftmasche einfach häkeln, 1 Einstichstelle auslassen) Klammer fortan wiederholen	72
F 1	16.–18.	13.–15. Rd wiederholen	72
F 2 + F 1	19.–24.	13.–18. Rd wiederholen	72
		Aufgepasst! Ab sofort wechselt nach jeder Runde die Farbe!	
F 2 + F 1	25.–33.	13.–15. Rd wiederholen	72
F 2	34.	13. Rd wiederholen	72
F 1	35.	Abschlussrunde/Rückrunde: feste Maschen häkeln (siehe Seite 192)	72

Fertigstellung

Alle Fäden nach ca. 15 cm abschneiden und gut vernähen.

Farbideen

F 1 416 Butterblume, 50 g
F 2 493 Silber, 50 g

F 1 462 Magenta, 50 g
F 2 427 Minze, 50 g

fertig in ca.
2,5h

Karatsu

Schnell gemacht und halten die kleinen Füße warm.
Die Babyschuhe „Karatsu“ werden mit halben Stäbchen, am Bündchen mit Reliefstäbchen und von hinten eingestochenen halben bzw. einfachen Stäbchen gehäkelt (siehe ab Seite 182).

Skills ●●●○○

Maschenprobe
10 x 10 cm =
12 halbe Stäbchen x 8 Reihen

Nadeln
myboshi Häkelnadel 6,0 mm,
Stick-/Vernähnadel

Größe
ca. 3–6 Monate

Material
myboshi Wolle No. 4
Farbe 1 458 Meerblau, 30 g
Farbe 2 472 Ocker, 20 g

www.selfmade-boshi.com/
4seasons/Karatsu

Anleitung ››

KARATSU

Anfangsring unten mit doppeltem Faden von F 1 (siehe Seite 184). Runden werden geschlossen (siehe Seite 191). Fortan wird nun mit halben Stäbchen gearbeitet, die hier als „Maschen" bezeichnet werden.

Farbe	Runde/Reihe	Beschreibung	Anzahl Maschen in Runde/Reihe
F 1	1.	in den Ring vom **Anfang** 10 Maschen arbeiten	10
F 1	2.	1 Masche einfach häkeln, 1 Masche doppeln, also 2 Maschen in 1 Einstichstelle arbeiten	15
F 1	3.–5.	jede Masche einfach häkeln	15
		Aufgepasst! Ab sofort wird in Reihen weitergehäkelt. Deshalb am Ende jeder Reihe die Wendeluftmasche nicht vergessen!	
F 1	6. Reihe	10 Maschen einfach häkeln, 1 Wendeluftmasche häkeln und das Gehäkelte wenden	10
F 1	7. + 8. Reihe	jede Masche einfach häkeln	10
		Damit am Ende die Ferse entsteht, die Kante in der Mitte „falten". Anschließend mit Kettmaschen zusammenhäkeln. Nun den Schuh im Profil so vor sich hinlegen, dass sich die zusammengenähte Kante auf der rechten Seite befindet. Den doppelten Faden von F 2 in die Masche nach der Kante ziehen, 1 Luftmasche häkeln und in der gleichen Einstichstelle mit der 1. Masche des Bündchens beginnen.	

Bündchen

Aufgepasst! Am Anfang einer Runde mit Reliefstäbchen (siehe Seite 188) werden 2 Luftmaschen gehäkelt.

Farbe	Runde	Beschreibung	Anzahl Maschen in Runde
F 2	1.	14 feste Maschen häkeln	14
F 2	2.	(1 Reliefstäbchen, 1 von hinten eingestochenes einfaches Stäbchen (siehe Seite 188) häkeln) Klammer noch 1-mal wiederholen, (1 Reliefstäbchen, 1 von hinten eingestochenes halbes Stäbchen (siehe Seite 188) häkeln) Klammer noch 2-mal wiederholen, (1 Reliefstäbchen, 1 von hinten eingestochenes einfaches Stäbchen häkeln) Klammer noch 1-mal wiederholen	14
F 2	3.–5.	2. Rd wiederholen	14
F 2	6.	Abschlussrunde/Rückrunde: feste Maschen häkeln (siehe Seite 192)	14
		Für den 2. Schuh den Vorgang noch 1-mal wiederholen.	

Fertigstellung

Alle Fäden nach ca. 15 cm abschneiden und gut vernähen.

Tipp: Als Verzierung können vorn am Übergang vom Schuh zum Bündchen noch Perlen oder eine kleine Kordel als Schleife angebracht werden. Für verschiedene Schuhgrößen das Zwischenstück von der 3. bis zur 5. Runde um beliebige Runden erweitern.

Tipp: Man kann die Schühchen für den Winter mit myboshi Wolle No. 1 oder No. 3 häkeln. Hierzu den Faden von der No. 1 oder der No. 3 einfach nehmen und nach der Anleitung arbeiten.

Farbideen

F1 428 Palme, 30 g
F2 274 Kakao, 20 g

F1 430 Koralle, 30 g
F2 493 Silber, 20 g

großer 4-Seasons-Einband fertig in ca.
3h

Hon

Unser praktischer Bucheinband.

Der Bucheinband „Hon“ wird in Hin- und Rückreihen mit halben Stäbchen gehäkelt. Als Verzierungen von „Hon 1“ dienen als Lesezeichen ein Wurm und auf dem Titelbild ein Apfel mit einem Blatt. Beide werden mit halben Stäbchen und einfachen Stäbchen gehäkelt. Der Apfel besteht zusätzlich aus festen Maschen und Kettmaschen (siehe ab Seite 182).

Skills

Maschenprobe
10 x 10 cm =
14 halbe Stäbchen x 10 Reihen
Aufgepasst! Bei einer größeren Fläche ca. 2–4 Maschen in der Breite abziehen; z. B. 20 cm Breite = 2 x 14 Maschen = 28 – 2 Maschen = 26 Maschen Ausgangsbreite.

Nadeln
myboshi Häkelnadel 4,5 mm,
Stick-/Vernähnadel

Größe
für das Buch „4Seasons“:
ca. 25 x 25 cm

Material
myboshi Wolle No. 4 und No. 2,
Knöpfe und Wollreste

Farbe 1	427 Minze, 100 g
Farbe 2	234 Chilirot, 15 g
Farbe 3	422 Grasgrün, 5 g
Farbe 4	424 Apfel, 5 g

www.selfmade-boshi.com/4seasons/Hon

Anleitung »

HON 1

Anfang unten: 36 Luftmaschen und 1 Wendeluftmasche mit F 1 anschlagen. **Aufgepasst!** Am Ende jeder Reihe die Wendeluftmasche nicht vergessen!

Farbe	Reihe	Beschreibung	Anzahl Maschen in Reihe
F 1	1.–66.	jedes halbe Stäbchen einfach häkeln	36

Nachdem die letzte Reihe fertiggestellt ist, 5 Reihen nach innen klappen.

Ende: Die Schlaufe des letzten halben Stäbchens, das auf der Innenseite liegt, durch den Rand der 10. Reihe ziehen und die 5 umgeklappten Reihen mit Kettmaschen zusammenhäkeln. An der Kante angekommen, den Bucheinband nach rechts drehen, sodass die kurze Kante vor einem liegt. Als Nächstes zwischen der 5. und 6. Reihe, also an der Bruchkante entlang, einstechen und die Kante mit Kettmaschen stabilisieren. Am äußeren Rand angekommen, wird der Bucheinband erneut gedreht und entlang der langen Kante mit Kettmaschen verziert. Zuletzt wird die andere Seite um 6 Reihen nach innen umgeschlagen, ebenso befestigt und an der langen Kante zurück mit Kettmaschen verziert.

Apfel

Anfangsring in der Mitte (siehe Seite 184) in F 2. Anfang gilt sowohl für den Apfel als auch für die Kreise des Wurms. Die Runden werden geschlossen (siehe Seite 191). **Aufgepasst!** Beginnt die Runde mit einem einfachen Stäbchen, werden 2 Luftmaschen gehäkelt. Fortan wird nun mit einfachen Stäbchen gearbeitet, die hier als „Stäbchen" bezeichnet werden. Alle anderen Maschenarten werden genau bezeichnet.

Farbe	Runde	Beschreibung	Anzahl Maschen in Runde
F 2	1.	in den Ring vom **Anfang** 12 Stäbchen arbeiten	12
F 2	2.	jedes Stäbchen doppeln, also 2 Stäbchen in 1 Einstichstelle arbeiten	24
F 2	3.	1 Stäbchen einfach häkeln, 1 Stäbchen doppeln	36
F 2	4.	1 Kettmasche, 1 halbes Stäbchen, 5 Stäbchen, 1 halbes Stäbchen, 1 feste Masche einfach häkeln, 18 Kettmaschen einfach häkeln, 1 feste Masche, 1 halbes Stäbchen, 5 Stäbchen, 1 halbes Stäbchen und 1 Kettmasche einfach häkeln	36

Den Faden nach ca. 30 cm abschneiden und durch die letzte Luftmasche ziehen.

Wurm

Großer Kreis

Anfangsring in der Mitte (siehe Seite 184). Für die großen und kleinen Kreise des Wurms: siehe Apfel. Für den Wurm werden Kreise in 2 verschiedenen Größen benötigt.

Farbe	Runde	Beschreibung	Anzahl Maschen in Runde
F 3	1.	in den Ring vom **Anfang** 12 Stäbchen arbeiten	12

Ende vom großen Kreis: Den Faden nach ca. 15 cm abschneiden und durch die letzte Luftmasche ziehen. Den Vorgang noch 5-mal in F 3 und 2-mal in F 4 wiederholen.

Kleiner Kreis

Farbe	Runde	Beschreibung	Anzahl Maschen in Runde
F 3	1.	in den Ring vom **Anfang** 10 halbe Stäbchen arbeiten	10

Ende vom kleinen Kreis: Nach dem Rundenschluss noch 1 Luftmasche häkeln, den Faden nach ca. 15 cm abschneiden und durch die letzte Luftmasche ziehen. Den Vorgang noch 1-mal in F 3 und 5-mal in F 4 wiederholen.

Aufgepasst! Beim letzten kleinen Kreis in F 3 wird nach dem Schließen der letzten Runde noch 1 Luftmasche gehäkelt, der Faden nach ca. 15 cm abgeschnitten und danach die Schlaufe auf die Größe des Knopfes gezogen, da es sich dabei um den Kopf des Wurms handelt.

Fertigstellung Wurm

Die Wurmteile werden wie folgt aneinandergenäht: Beginn am Ende des Wurms: 2 kleine Kreise in F 4, (1 großer Kreis in F 3, 1 großer Kreis in F 4) Klammer noch 1-mal wiederholen, (1 großer Kreis in F 3, 1 kleiner Kreis in F 4) Klammer noch 2-mal wiederholen, 1 großer Kreis in F 3, 2 kleine Kreise in F 3, davon der letzte Kreis mit Schlaufe am Ende als Kopf des Wurms.

Blatt für den Apfel

Anfang unten: 8 Luftmaschen und 1 Wendeluftmasche mit F 4 anschlagen. Die 1. Luftmasche von der Nadel aus gesehen frei lassen. **Aufgepasst!** Es wird nur in die hintere Maschenschlinge eingestochen.

Beschreibung

In die 2. und 3. Luftmasche jeweils 1 feste Masche, in die 4. Luftmasche 1 halbes Stäbchen, in die 5. und 6. Luftmasche 1 einfaches Stäbchen, in die 7. Luftmasche 1 halbes Stäbchen und in die 8. und 9. Luftmasche erneut jeweils 1 feste Masche häkeln.

Nun das Gehäkelte um 180° drehen, sodass die Maschen nach unten zeigen, und den Vorgang wiederholen. Diesmal jedoch nur in die vordere Maschenschlinge einstechen.

Ende vom Blatt: Auf die letzte feste Masche noch 1 Luftmasche häkeln, Faden nach ca. 20 cm abschneiden und durch diese Luftmasche ziehen.

Fertigstellung

Den Wurm wie beschrieben aneinander- und das Ende des Wurms oben an der inneren Rückseite am Bucheinband festnähen. Danach das Gesicht des Wurms mit Wollresten aufsticken. Als Nächstes den Apfel mittig auf das Titelbild legen und mit dem 30 cm langen Faden annähen. Danach den Stiel mit Wollresten aufsticken und das Blatt annähen. Zum Schluss noch die Knöpfe als Kernhaus annähen und damit auch den Wurm am Apfel befestigen. Alle übrigen Fäden gut vernähen.

HON 2

Anfang unten: 22 Luftmaschen und 1 Wendeluftmasche mit F 1 anschlagen. **Aufgepasst!** Am Ende jeder Reihe die Wendeluftmasche nicht vergessen!

Farbe	Reihe	Beschreibung	Anzahl Maschen in Reihe
F 1	1.	jedes halbe Stäbchen einfach häkeln	22
F 2	2.	jedes halbe Stäbchen einfach häkeln	22
F 3	3.	jedes halbe Stäbchen einfach häkeln	22
F 1 + F 2 + F 3	4.–57.	jedes halbe Stäbchen einfach häkeln	22

Auf das letzte halbe Stäbchen wird noch 1 Luftmasche gesetzt. Den Faden nach ca. 15 cm abschneiden und durch die letzte Luftmasche ziehen. Für die Verzierung des Randes wird nun von jeder Farbe pro Seite des Bucheinbands ca. 1 m Faden benötigt. Von jeder Farbe 1 Faden zusammennehmen, die Reihen 1–9 umklappen und rechts an einer der beiden langen Kanten mit dem Besticken des Randes beginnen. Den bestickten Rand bis zur 40. Reihe fortführen, danach werden die Reihen 49–57 umgeklappt und durch den Rand aneinandergenäht.

Luftmaschenkette

Für die Luftmaschenkette 150 Luftmaschen in F 1 anschlagen, den Faden nach ca. 10 cm abschneiden und durch die letzte Luftmasche ziehen.

Fertigstellung

Die Luftmaschenkette dient als Verschluss des Bucheinbands. Sie wird mit einer Schleife auf der Titelseite zusammengebunden.

Farbideen

Hon 1

F 1 427 Minze, 100 g
F 2 234 Chilirot, 15 g
F 3 422 Grasgrün, 5 g
F 4 424 Apfel, 5 g

Hon 2

F 1 457 Blaubeere, 25 g
F 2 462 Magenta, 20 g
F 3 491 Weiß, 20 g

boshi

Igy

Gib dem verschmusten „Igy“ ein Zuhause!

Das Kuscheltier „Igy“ wird mit halben Stäbchen gehäkelt. Für das Gesicht werden außer den halben Stäbchen noch einfache Stäbchen, doppelte Stäbchen, Dreifachstäbchen und feste Maschen verwendet. Die Schnauze, das Gesicht, die Arme und Beine werden einzeln gehäkelt und am Ende an den Körper genäht (siehe ab Seite 182).

Skills

Maschenprobe
10 x 10 cm =
12 halbe Stäbchen x 9 Reihen

Nadeln
myboshi Häkelnadel 6,0 mm,
Stick-/Vernähnadel

Größe
Höhe ca. 35 cm
Durchmesser ca. 20 cm

Material
myboshi Wolle No. 5, Wollreste für Augen und Nase, Füllwatte

Farbe 1	574 Kakao, 200 g
Farbe 2	572 Ocker, 75 g
Farbe 3	595 Anthrazit, 50 g
Farbe 4	591 Weiß, 10 g

www.selfmade-boshi.com/4seasons/Igy

Anleitung ››

KÖRPER

Anfangsring unten mit F1 (siehe Seite 184). Runden werden geschlossen (siehe Seite 191). Fortan wird nun mit halben Stäbchen gearbeitet, die hier als „Maschen" bezeichnet werden.

Farbe	Runde	Beschreibung	Anzahl Maschen in Runde
F1	1.	in den Ring vom **Anfang** 12 Maschen arbeiten	12
F1	2.	jede Masche doppeln, also 2 Maschen in 1 Einstichstelle arbeiten	24
F1	3.	2 Maschen einfach häkeln, 1 Masche doppeln	32
F1	4.	3 Maschen einfach häkeln, 1 Masche doppeln	40
F1	5.	4 Maschen einfach häkeln, 1 Masche doppeln	48
F1	6.	5 Maschen einfach häkeln, 1 Masche doppeln	56
F1	7.	6 Maschen einfach häkeln, 1 Masche doppeln	64
F1	8.–13.	jede Masche einfach häkeln	64
F1	14.	7 Maschen einfach häkeln, 1 Masche doppeln	72
F1	15.–20.	jede Masche einfach häkeln	72
F1	21.	7 Maschen einfach häkeln, 8. + 9. Masche zusammen abmaschen	64
F1	22.	jede Masche einfach häkeln	64
F1	23.	6 Maschen einfach häkeln, 7. + 8. Masche zusammen abmaschen	56
F1	24.	5 Maschen einfach häkeln, 6. + 7. Masche zusammen abmaschen	48
F1	25.–27.	jede Masche einfach häkeln	48
F1	28.	4 Maschen einfach häkeln, 5. + 6. Masche zusammen abmaschen	40
F1	29.	3 Maschen einfach häkeln, 4. + 5. Masche zusammen abmaschen	32
		Aufgepasst! Nun alle Fäden gut vernähen und den Körper mit ausreichend Watte füllen!	
F1	30.	2 Maschen einfach häkeln, 3. + 4. Masche zusammen abmaschen	24
F1	31.	jeweils 2 Maschen zusammen abmaschen	12
		Ende vom Körper: Nach der letzten Runde den Faden nach ca. 15 cm abschneiden, oben durch die Maschenschlingen ziehen, Öffnung oben zuziehen und mit dem restlichen Faden gut zunähen bzw. den Faden vernähen.	

Stacheln

Anfang unten in der 3. Runde. Die Stacheln bestehen aus Luftmaschenketten, die mit 1 festen Masche am Körper befestigt werden. Die Stacheln in jede 2. Runde häkeln.

Beschreibung

Dazu den Körper so vor sich hinlegen, dass die Naht hinten liegt. Den Faden in der 3. Runde durchholen, 10 Luftmaschen häkeln und die entstandene Kette mit 1 festen Masche an der nächsten Masche (dem Maschenhals) befestigen. Den Vorgang wiederholen, bis die komplette Runde mit Stacheln fertiggestellt ist.

Die nachfolgenden Runden bis auf die 5 obersten Runden werden nicht mehr komplett mit Stacheln ausgefüllt. Somit entsteht auf der Vorderseite der Bauch des Igels, an dem später die Arme und Füße, das Gesicht und die Schnauze festgenäht werden.

Die Stacheln werden nun wie folgt weitergearbeitet:

Farbe	Runde	frei gelassene Maschen in der Mitte des Körpers (Bauch von „Igy“)
F1	3.	Rd komplett schließen
F2	4.	9 Maschen
F3	6.	18 Maschen
F1	8.	22 Maschen
F2	10.	24 Maschen
F3	12.	24 Maschen
F1	14.	26 Maschen
F2	16.	24 Maschen
F3	18.	24 Maschen
F1	20.	22 Maschen
F2	22.	18 Maschen
F3	24.	12 Maschen
F1	26.	Rd komplett schließen
F2	28.	Rd komplett schließen
F3	29.	Rd komplett schließen
F1	30.	Rd komplett schließen
F2	31.	Rd komplett schließen

Gesicht

Anfangsring in der Mitte mit F 4 (siehe Seite 184). Die Runden werden geschlossen (siehe Seite 191).

Farbe	Runde	Beschreibung	Anzahl Maschen in Runde
F4	1.	in den Ring vom **Anfang** 4 Luftmaschen häkeln, 4 Dreifachstäbchen (siehe Seite 187), 3 doppelte Stäbchen (siehe Seite 187), 2 Dreifachstäbchen, 3 doppelte Stäbchen, 4 Dreifachstäbchen, 4 Luftmaschen häkeln	16 Stäbchen
F4	2.	4 feste Maschen häkeln, 4 halbe Stäbchen doppeln, 2 einfache Stäbchen doppeln, 2 doppelte Stäbchen doppeln, 1 einfaches Stäbchen doppeln, 4 halbe Stäbchen doppeln, 5 feste Maschen häkeln	35
		Ende vom Gesicht: Anschließend mit 1 Kettmasche in die 1. feste Masche die Runde schließen, Faden nach ca. 15 cm abschneiden und durch die Kettmasche ziehen.	

Knubbel der Nase

Beschreibung

Die Knubbel bestehen aus 5 oben zusammengehäkelten Stäbchen, die in 1 Einstichstelle gehäkelt werden (siehe Seite 190).

Schnauze

Anfangsring in der Mitte mit F1 (siehe Seite 184). Runden werden geschlossen (siehe Seite 191). Fortan wird nun mit halben Stäbchen gearbeitet, die hier als „Maschen" bezeichnet werden.

Farbe	Runde	Beschreibung	Anzahl Maschen in Runde
F1	1.	in den Ring vom **Anfang** 6 Maschen arbeiten	6
F1	2.	1 Masche einfach häkeln, 1 Masche doppeln	9
F1	3.	2 Maschen einfach häkeln, 1 Masche doppeln	12
F1	4.	1 Masche einfach häkeln, 1 Masche doppeln	18
F1	5.	1 Masche einfach häkeln, 1 Masche doppeln	27
F1	6. + 7.	jede Masche einfach häkeln	27
F1	8.	2 Maschen einfach häkeln, 1 Masche doppeln	36
		Ende der Schnauze: Den Faden nach ca. 15 cm abschneiden, durch die letzte Kettmasche ziehen und gut vernähen.	

Arme und Füße

Anfangsring unten in F1 (siehe Seite 184). Runden werden geschlossen (siehe Seite 191). Fortan wird nun mit halben Stäbchen gearbeitet, die hier als „Maschen" bezeichnet werden.

Farbe	Runde	Beschreibung	Anzahl Maschen in Runde
F1	1.	in den Ring vom **Anfang** 6 Maschen arbeiten	6
F1	2.	jede Masche doppeln, also 2 Maschen in 1 Einstichstelle arbeiten	12
F1	3. + 4.	jede Masche einfach häkeln	12
		Aufgepasst! Nun alle Fäden gut vernähen und die Arme und Füße mit ausreichend Watte füllen!	
F1	5.	immer 2 Maschen zusammen abmaschen	6
		Ende der Arme und Füße: Nach der letzten Runde den Faden nach ca. 15 cm abschneiden, oben durch die Maschenschlingen ziehen, Öffnung zuziehen und mit dem restlichen Faden gut zunähen bzw. den Faden vernähen. Den Vorgang noch 3-mal wiederholen.	

Fertigstellung

Als Erstes wird die Schnauze mit Watte gefüllt und oval an den Körper zwischen der 20. und 27. Runde angenäht. Danach das Gesicht auf der Schnauze festnähen. Um das Gesicht zu vervollständigen, vorn an der Spitze die Nase annähen und 2 Augen aufsticken. Nun die Schnauze in die gewünschte Form drapieren (die Spitze etwas nach oben drücken).

Tipp: Wer möchte, kann aus Draht noch eine Brille anfertigen. Vorsicht vor scharfen Kanten ist geboten!

Danach die beiden Arme in Höhe der 18. und 20. Runde und die beiden Füße auf Höhe der 5. und 6. Runde annähen. Zum Schluss noch die Fäden der Stacheln gut vernähen. Fertig!

F1 574 Kakao, 200 g
F2 572 Ocker, 75 g
F3 595 Anthrazit, 50 g
F4 591 Weiß, 10 g

myboshi

fertig in ca.
2,5h

Narashino

Die „Narashino“ ist ein besonders schöner Blickfang.
Die Boshi „Narashino“ wird mit halben Stäbchen und Kettmaschen als Akzentstreifen gehäkelt. Mit der Abschlussrunde kommen noch feste Maschen dazu. Als Highlight werden am Ende 3 verschiedene Blüten als Verzierung angebracht (siehe ab Seite 182).

Skills ●●○○○

Maschenprobe
10 x 10 cm =
14 halbe Stäbchen x 10 Reihen

Nadeln
myboshi Häkelnadel 4,5 mm,
Stick-/Vernähnadel

Kopfumfang
Größe S 47–51 cm
Größe M 52–56 cm

Material
myboshi Wolle No. 4, verschiedene Wollreste für die Blüten (ca. 5 g pro Blüte)
Farbe 1 451 Himmelblau, 45 g
Farbe 2 426 Jade, 10 g

www.selfmade-boshi.com/
4seasons/Narashino

Anleitung ››

Kettmaschen als Akzentstreifen

In den Runden 5, 10, 15 und 20 werden Kettmaschen gehäkelt. Da sich die Kettmaschen als Verzierung auf die Maschen legen, werden die danach gehäkelten Runden mit halben Stäbchen jeweils in die Runde vor der Kettmasche eingestochen. **Tipp:** Die Kettmaschen sehr locker häkeln!

Anfangsring oben mit F1 (siehe Seite 184). Das gilt für Größe S und Größe M. Runden werden geschlossen (siehe Seite 191). Fortan wird nun mit halben Stäbchen gearbeitet, die hier als „Maschen" bezeichnet werden.

NARASHINO für Größe S

Farbe	Runde	Beschreibung	Anzahl Maschen in Runde
F1	1.	in den Ring vom **Anfang** 12 Maschen arbeiten	12
F1	2.	jede Masche doppeln, also 2 Maschen in 1 Einstichstelle arbeiten	24
F1	3.	2 Maschen einfach häkeln, 1 Masche doppeln	32
F1	4.	3 Maschen einfach häkeln, 1 Masche doppeln	40
F2	5.	Kettmaschen häkeln	40
		Aufgepasst! Da sich die Kettmaschen als Verzierung vor die Maschenkörper legen, werden die Maschen der nächsten Runde in die Maschen der 4. Runde gearbeitet.	
F1	6.	4 Maschen einfach häkeln, 1 Masche doppeln	48
F1	7.	5 Maschen einfach häkeln, 1 Masche doppeln	56
F1	8.	13 Maschen einfach häkeln, 1 Masche doppeln	60
F2	9.	Kettmaschen häkeln	60
F1	10.–12.	jede Masche einfach häkeln	60
F2 + F1	13.–20.	9.–12. Rd 2-mal wiederholen	60
F1	21.	Abschlussrunde/Rückrunde: feste Maschen häkeln (siehe Seite 192)	60
		Ende für Größe S	

NARASHINO für Größe M

Farbe	Runde	Beschreibung	Anzahl Maschen in Runde
F1 + F2	1.–7.	siehe Größe S	12–56
F1	8.	6 Maschen einfach häkeln, 1 Masche doppeln	64
F1	9.	jede Masche einfach häkeln	64
F2	10.	Kettmaschen häkeln	64
F1	11.–14.	jede Masche einfach häkeln	64
F2	15.	Kettmaschen häkeln	64
F1 + F2	16.–20.	11.–15. Rd 1-mal wiederholen	64
F1	21. + 22.	jede Masche einfach häkeln	64

Farbe	Runde	Beschreibung	Anzahl Maschen in Runde
F1	23.	Abschlussrunde/Rückrunde: feste Maschen häkeln (siehe Seite 192)	64
		Ende für Größe M	

Fertigstellung

Alle Fäden nach ca. 15 cm abschneiden, gut vernähen und die 3 Blumen an der gewünschten Stelle anbringen.

Die „Narashino" wird mit 1 großen und 1 kleinen Blüte (siehe Seite 190) sowie 1 Blüte mit Stempel verziert.

Blüte mit Stempel

Punkt	Beschreibung
1.	Den **Anfangsring** bilden.
2.	Nun 12 halbe Stäbchen in den Ring häkeln, die Runde mit 1 Kettmasche in das 1. halbe Stäbchen schließen. Als Nächstes kommen die Blütenblätter.
3.	4 Luftmaschen häkeln. Die 1. Luftmasche von der Häkelnadel aus gesehen frei lassen, in die 2. Luftmasche 1 feste Masche häkeln, in die 3. Luftmasche 1 halbes Stäbchen und in die 4. Luftmasche 1 einfaches Stäbchen häkeln.

Das entstandene Blütenblatt mit dem gehäkelten Kreis verbinden, indem man 1 Einstichstelle überspringt und in die nächste Einstichstelle 1 Kettmasche häkelt. Auf die gleiche Art werden noch 5 weitere Blütenblätter gebildet. Nach der letzten Kettmasche wird der Faden nach ca. 15 cm abgeschnitten und vernäht. Anschließend den Stempel für die Blütenmitte häkeln.

Der Stempel für die Blütenmitte

Nach ca. 20 cm mit dem Anfangsknoten beginnen, die 20 cm werden zum Befestigen der Blüte an der Boshi benötigt. 4 Luftmaschen anschlagen und zu einer Runde schließen. Dabei in die 1. Luftmasche stechen und mit 1 Kettmasche zu einem kleinen Ring schließen. Anschließend 2 Luftmaschen häkeln.

Nun in den Ring vom Anfang 5 halbe Stäbchen mit jeweils 2 Luftmaschen dazwischenhäkeln. Die Runde mit 1 Kettmasche in die 2. Luftmasche vom Anfang schließen, 1 Luftmasche häkeln und den Faden durchziehen.

Farbideen

F1 451 Himmelblau, 45 g
F2 426 Jade, 10 g

F1 424 Apfelgrün, 45 g
F2 427 Minze, 10 g

F1 493 Silber, 45 g
F2 453 Ozeanblau, 10 g

myboshi

fertig in ca.
3h

Mobile „Uji“

Einfache und schicke Dekoration fürs Kinderzimmer.
Das Mobile „Uji“ besteht aus 3 Drachen und 3 Wolken. Die Drachen werden mit festen Maschen und die Schleifen an der Schnur mit einfachen Stäbchen gehäkelt. Die Wolken werden mit einfachen Stäbchen und halben Stäbchen gehäkelt (siehe ab Seite 182).

Skills

Maschenprobe
10 x 10 cm =
12 halbe Stäbchen x 9 Reihen

Nadeln
myboshi Häkelnadel 4,5 mm,
Stick-/Vernähnadel

Material
myboshi Wolle No. 5, Drahtring als Mobilegerüst, Ø ca. 22 cm

Farbe 1	559 Saphir, 25 g
Farbe 2	555 Marine, 25 g
Farbe 3	594 Titangrau, 25 g
Farbe 4	550 Wolke, 25 g
Farbe 5	591 Weiß, 25 g

www.selfmade-boshi.com/
4seasons/Uji

Anleitung >>

DRACHEN

Nach ca. 40 cm mit dem Anfangsknoten beginnen und 2 Luftmaschen und 1 Wendeluftmasche mit F 1 anschlagen. Der 40 cm lange Faden wird später zum Befestigen des Mobiles benötigt. **Aufgepasst!** Die Wendeluftmasche am Ende jeder Reihe nicht vergessen! Fortan wird nun mit festen Maschen gearbeitet, die hier als „Maschen“ bezeichnet werden.

Farbe	Reihe	Beschreibung	Anzahl Maschen in Reihe
F 1	1.	1 Masche in die 1. Luftmasche häkeln	1
F 1	2.	die 1 Masche doppeln, also 2 Maschen in 1 Einstichstelle arbeiten	2
F 1	3.	jede Masche doppeln	4
F 1	4.	die 1. Masche und die letzte Masche doppeln	6
F 1	5.	jede Masche einfach häkeln	6
F 1	6.	2. + 5. Masche doppeln, alle übrigen Maschen einfach häkeln	8
F 1	7.	1. + 8. Masche doppeln, alle übrigen Maschen einfach häkeln	10
F 2	8.	1. + 2. sowie 9. + 10. Masche zusammen abmaschen	8
F 2	9.	jede Masche einfach häkeln	8
F 2	10.	1. + 2. sowie 7. + 8. Masche zusammen abmaschen	6
F 2	11.	jede Masche einfach häkeln	6
F 2	12.	1. + 2. sowie 5. + 6. Masche zusammen abmaschen	4
F 2	13.	jede Masche einfach häkeln	4
F 2	14.	1. + 2. sowie 3. + 4. Masche zusammen abmaschen	2
F 2	15.	1. + 2. Masche zusammen abmaschen	1
F 2	16.	1 Masche einfach häkeln	1

Ende vom Drachen: Auf die letzte Masche noch 1 Luftmasche setzen, den Faden nach ca. 30 cm abschneiden und durch die Luftmasche ziehen. Der 30 cm lange Faden wird zum Befestigen der Schleifen benötigt. Da das Mobile 3 Drachen besitzt, den Vorgang noch 1-mal mit F 1 und F 2 sowie 1-mal mit F 3 und F 4 wiederholen.

SCHLEIFEN

Große Schleifen

6 Luftmaschen und 2 Wendeluftmaschen mit F 3 anschlagen. Als Nächstes 6 einfache Stäbchen häkeln. Den Faden nach ca. 15 cm abschneiden und den Anfangs- und Endfaden zusammenknoten, den Restfaden abschneiden.

Kleine Schleifen

Die kleinen Schleifen werden wie die großen Schleifen gehäkelt, jedoch werden nur 5 Luftmaschen und 2 Wendeluftmaschen angeschlagen.

Farbkombinationen der Schleifen

Da 2 Drachen in F 1 und F 2 und 1 Drache in F 3 und F 4 gehäkelt werden, benötigt man in F 3 und F 4 jeweils 2 große und 2 kleine Schleifen sowie in F 1 und F 2 je 1 große und 1 kleine Schleife. Die Schleifen werden entgegengesetzt zu den Drachenfarben am unteren Faden in kleinen Abständen festgeknotet.

WOLKE

Anfangsring unten in der Mitte mit F 5 (siehe Seite 184). Die Runden werden geschlossen (siehe Seite 191). **Aufgepasst!** Beginnt die Runde mit 1 Knubbel, werden am Anfang 2 Luftmaschen benötigt. Fortan wird nun mit halben Stäbchen gearbeitet, die hier als „Maschen" bezeichnet werden.

Knubbel der Wolken (siehe Seite 190): Die Knubbel mit F 5 bestehen aus 5 oben zusammengehäkelten Stäbchen, die in 1 Einstichstelle gehäkelt werden.

Farbe	Runde	Beschreibung	Anzahl Maschen in Runde
F 5	1.	in den Ring vom **Anfang** 6 Maschen arbeiten	6
F 5	2.	in je 1 Einstichstelle (1 Knubbel und 1 Masche einfach häkeln) Klammer noch 2-mal wiederholen	3 Maschen/3 Knubbel
F 5	3.	in 1 Einstichstelle (1 Knubbel und 1 Masche einfach häkeln) Klammer noch 5-mal wiederholen	6 Maschen/6 Knubbel
F 5	4.	in 1 Knubbel wird nun 1 Masche einfach gehäkelt und in 1 Masche wird 1 Knubbel gehäkelt; somit versetzen sich die Knubbel der Wolke	6 Maschen/6 Knubbel
F 5	5.	die 1. Masche + den 1. Knubbel mit 1 halben Stäbchen zusammen abmaschen, 1 Knubbel häkeln, 1 Masche einfach häkeln, die 3. Masche + den 3. Knubbel mit 1 halben Stäbchen zusammen abmaschen, 1 Knubbel häkeln, 1 Masche einfach häkeln, die 5. Masche + den 5. Knubbel mit 1 halben Stäbchen zusammen abmaschen, 1 Knubbel häkeln, 1 Masche einfach häkeln	6 Maschen/3 Knubbel

Ende der Wolke: die letzte Runde schließen, 1 Luftmasche auf die Kettmasche setzen, den Faden nach ca. 40 cm abschneiden und durch die Luftmasche ziehen. An dem Mobile befinden sich 3 Wolken, deshalb den Vorgang noch 2-mal wiederholen.

Fertigstellung

Alle Fäden gut vernähen. Nun die Wolken und die Drachen am Mobile befestigen. Fertig!

Farbideen

F 1 550 Wolke, 25 g
F 2 555 Marine, 25 g
F 3 521 Limettengrün, 25 g
F 4 532 Signalrot, 25 g
F 5 591 Weiß, 25 g

F 1 561 Candy Purpur, 25 g
F 2 563 Violett, 25 g
F 3 515 Avocado, 25 g
F 4 513 Löwenzahn, 25 g
F 5 591 Weiß, 25 g

Wie alles begann

Es war die pure Reiselust, die uns im Jahr 2009 nach Japan trieb, um japanischen Schulkindern das Skifahren beizubringen. Tagsüber erinnerte das Leben als Skilehrer im Fernen Osten durchaus an das in unseren Breitengraden. Leider erwiesen sich die langen, kalten Winterabende im kleinen Skiressort Hachi Kogen dagegen als langatmig und zäh.

Eine spanische Skilehrerkollegin in unserer Unterkunft nutzte den Zeitüberschuss am Abend zum Häkeln. In Anbetracht unserer für jedermann erkennbaren Langeweile bot sie an, uns das Mützenhäkeln beizubringen. In dieser Situation völliger Tatenlosigkeit eine glaubwürdige oder wenigstens charmante Ausrede zu finden, fiel schwer. Also lehnten wir einfach freundlich lächelnd ab.

Aber die bunten Mützen, die sie häkelte, fanden wir schon ziemlich cool und sie gingen uns nicht aus dem Kopf, zumal unsere vom kalten Wind schmerzenden Ohren den ganzen Tag daran erinnerten. Dem zweiten Versuch, uns als Mützenhäkelschüler zu gewinnen, konnten wir dann nicht mehr widerstehen.

Die ersten eigenen Boshis, wie man in Japan Mützen nennt, verlangten uns viel Schweiß und Geduld ab. Ganze drei Tage brauchten wir für unsere ersten Kunstwerke.

Voller Begeisterung hingen wir ab diesem Tag „an der Nadel“. Wir nutzten unsere anschließende Rundreise durch Japan, um täglich drei bis vier neue Boshis zu häkeln. In einem Hostel in Tokio trafen wir dann zwei junge Australier, die uns direkt – von Kopf zu Kopf sozusagen – zwei Boshis abkauften und uns zum Dank gleich noch zum Karaokesingen einluden. Während wir bis zu diesem Zeitpunkt nur von unseren neu erlernten Häkelfähigkeiten begeistert waren, kam uns in der Nacht bei einem heiteren Gelage DIE Geschäftsidee: Wir fantasierten, jeden Menschen seine individuelle Boshi gestalten zu lassen, diese dann zu häkeln und ihm zu verkaufen. „myboshi“ war damit geboren und nicht mehr so einfach aus dem Kopf zu bekommen.

In der Heimat wurden wir angesichts dieser Idee erst mal für verrückt erklärt. Trotzdem wollten erstaunlich viele Freunde und Bekannte gern eine eigene Boshi. Unser Boshi-Freundeskreis wurde von Tag zu Tag größer, unsere Häkelnadeln glühten und irgendwie fand unsere Story den Weg in die Presse.

Im Herbst 2009 haben wir unsere erste Verstärkung an der Häkelfront rekrutiert. Unsere ersten beiden Häklerinnen sind auch heute noch Teil unseres Teams. Mit 30 zusätzlichen Häkelomis produzieren sie liebevoll in Heimarbeit unsere Boshis nach individuellem Kundenwunsch.

Schnell wurde aus unserer Geschichte, die wir immer wieder gern erzählen, eine kleine Marke für coole Häkelmützen. Auf die erste Anfrage eines Verlags, mit uns ein eigenes myboshi Handarbeitsbuch zu veröffentlichen, reagierten wir noch mit Skepsis. Nachdem wir aber eine Nacht darüber geschlafen hatten, fanden wir die Idee ziemlich toll und

die Gelegenheit, einmal im Leben ein Buch zu schreiben, wollten wir uns nicht entgehen lassen. Eine Vorstellung davon, wie schnell sich so viele Menschen für unsere einfachen und schnell umsetzbaren Häkelideen begeistern lassen würden, hatten wir damals nicht. Inzwischen sind Mützen von myboshi Kultobjekte und die Bücher tummeln sich regelmäßig in den Bestsellerlisten.

Um das alles zu erreichen, fehlte uns vor vier Jahren allerdings noch eine ganz entscheidende Komponente: die passende Wolle. Unsere ersten Boshis häkelten wir aus allen auch nur ansatzweise garnähnlichen Dingen, die wir interessant fanden.

Auf der Flucht vor Farben und Garnen von Omas für Omas hin zu Farben von jungen Leuten für junge Leute lernten wir 2012 unseren jetzigen Vertriebspartner kennen. Dessen jugendliche Unbeschwertheit und der Glaube an unsere Vision, Handarbeiten auch für junge Menschen wieder modern und angesagt zu machen, war genau die richtige Kombination. Zusammen haben wir das erste myboshi Garn entwickelt.

Mit der Entwicklung unserer eigenen Wolle in frischen Farben eröffneten sich schnell viele neue Möglichkeiten für weitere spannende und coole Handarbeitsideen. Mit dem eigenen Garn hatten wir endgültig das Potenzial, Häkeln von seinem verstaubten Image zu befreien. Und da die Menschen wie die einzelnen Boshis alle einzigartig sind und jeder andere Bedürfnisse hat, haben wir unsere Wollpalette mittlerweile um diverse Garnqualitäten erweitert. Egal, ob Frühling, Sommer, Herbst oder Winter, City, Skipiste oder Strand: Für jeden Anlass bieten wir die passende Wolle für die eigene myboshi Kreatividee.

Unsere Mission, den Spaß am Handarbeiten auch über die Landesgrenzen hinaus zu verbreiten, begannen wir im Winter 2013. Mit der Übersetzung unserer Bücher und Häkelguides in mehr als 13 Sprachen konnten wir immer mehr Menschen für das Selbstgemachte und unsere Ideen begeistern. Natürlich mussten wir uns auch der Herausforderung stellen, den jeweiligen örtlichen Handarbeitsgepflogenheiten gerecht zu werden und uns dort einzufinden. Aber es macht nach wie vor riesig viel Spaß, sich durch die neuen Boshi-Länder zu häkeln und immer wieder neue häkelbegeisterte Menschen kennenzulernen.

Inzwischen haben wir unter Windmühlen in Holland, im britischen Cab, unter dem Eiffelturm, in den italienischen Weinbergen, in den Schweizer und österreichischen Alpen, an der Nordsee, in Warschau, in Berlin und vielen anderen schönen Orten die Häkelnadel geschwungen. Doch ein Traum steht noch aus: Wir wollen es schaffen, unsere Leidenschaft für innovative Handarbeitsideen auch in dem Land, in dem myboshi entstand, beliebt zu machen.

Vielleicht ergäbe sich dabei dann an einem freien Nachmittag auch noch Gelegenheit, den japanischen Powder mal wieder unter den Brettern zu spüren ...

Anleitung online unter

www.selfmade-boshi.com/
4seasons/Sommer

SOMMER SEASON

fertig in ca. **1h**

Isesaki

Mit dieser Kette ziehst du alle Blicke auf dich. Die Kette wird mit halben Stäbchen gehäkelt. Die einzelnen Ringe werden nach und nach gearbeitet. Eine Kette aus Luftmaschen rundet die „Isesaki“ ab und sie kann auf jede Länge erweitert werden (siehe ab Seite 182).

Skills

Maschenprobe
10 x 10 cm =
12 halbe Stäbchen x 9 Reihen

Nadeln
myboshi Häkelnadel 6,0 mm,
Stick-/Vernähnadel

Material
myboshi Wolle No. 5
Farbe 1 531 Orange, 15 g
Farbe 2 561 Candy Purpur, 15 g

www.selfmade-boshi.com/4seasons/Isesaki

Anleitung >>

Anfangsring mit F 1 oder F 2 bei beiden Ringen gleich mit 16 Luftmaschen. Runden werden geschlossen (siehe Seite 191).
Aufgepasst! Alle Ringe greifen ineinander, das heißt, ab dem 2. Ring wird die Luftmaschenkette immer erst durch den vorhergehenden Ring gezogen und dann geschlossen.

GROSSER RING

Farbe	Runde	Beschreibung	Anzahl Maschen in Runde
F 1	1.	in jede Luftmasche 1 halbes Stäbchen häkeln	16
F 1	2.	1. Rd wiederholen	16
		Ende großer Ring: Runde mit 1 Kettmasche wie beschrieben schließen, Faden nach ca. 15 cm abschneiden und durch die Kettmasche ziehen.	

KLEINER RING

Beschreibung

Der kleine Ring besteht aus 1 Runde, die mit halben Stäbchen gehäkelt wird, das heißt, es wird hier nur die 1. Runde des großen Rings gehäkelt.

Anordnung der Ringe

1. F 1 großer Ring
2. F 2 großer Ring
3. F 1 kleiner Ring
4. F 2 kleiner Ring
5. F 1 großer Ring
6. F 2 großer Ring
7. F 1 kleiner Ring
8. F 2 kleiner Ring
9. F 1 großer Ring

Kette

110 Luftmaschen mit F 2 anschlagen, Faden nach ca. 5 cm abschneiden und durch die letzte Luftmasche ziehen.

Fertigstellung

Alle Fäden gut vernähen. Die Luftmaschenkette durch den 1. und den letzten großen Ring ziehen und beide Enden miteinander verknoten.

Farbideen

F 1 513 Löwenzahn, 15 g
F 2 515 Avocado, 15 g

F 1 593 Silber, 15 g
F 2 555 Marine, 15 g

1 Untersetzer fertig in ca.
0,5h

Kosuta

Untersetzer für die Gläser auf der Gartenparty!
Die kleinen Untersetzer werden mit halben Stäbchen gehäkelt, besitzen einen farbigen Rand aus festen Maschen und tiefgestochenen festen Maschen. Nach dem Häkeln werden sie mit Stickereien verziert. Ein Set besteht aus 10 Untersetzern – 5 davon in Farbe 1 mit Verzierung in Farbe 2, die anderen mit Farbe 2 als Hauptfarbe (siehe ab Seite 182).

Skills

Maschenprobe
10 x 10 cm =
14 halbe Stäbchen x 10 Reihen

Nadeln
myboshi Häkelnadel 4,5 mm,
Stick-/Vernähnadel

Größe eines Untersetzers
Durchmesser ca. 11,5 cm

Material
myboshi Wolle No. 4
Farbe 1 462 Magenta, 50 g
Farbe 2 428 Palme, 50 g

www.selfmade-boshi.com/4seasons/Kosuta

Anleitung »

Anfangsring in der Mitte mit F 1 (siehe Seite 184). Runden werden geschlossen (siehe Seite 191). Fortan wird nun mit halben Stäbchen gearbeitet, die hier als „Maschen“ bezeichnet werden.

KOSUTA

Farbe	Runde	Beschreibung	Anzahl Maschen in Runde
F 1	1.	in den Ring vom **Anfang** 10 Maschen arbeiten	10
F 1	2.	jede Masche doppeln, also 2 Maschen in 1 Einstichstelle arbeiten	20
F 1	3.	1 Masche einfach häkeln, 1 Masche doppeln	30
F 1	4.	1 Masche einfach häkeln, 1 Masche doppeln	45
F 1	5.	2 Maschen einfach häkeln, 1 Masche doppeln	60
F 2	6.	3 feste Maschen einfach häkeln, 1 feste Masche tiefgestochen in die 5. Rd häkeln	60
		Anschließend die Fäden von F 1 und von F 2 der 6. Runde vernähen.	

Verzierung/Stickerei

Beschreibung

Von F 2 einen 1,5 m langen Faden abschneiden und mit der Stick-/Vernähnadel sticken.

Die Verzierungen werden bis auf die 1. Runde immer um die Maschenhälse der jeweiligen Runden gearbeitet.

1. Runde: mit der Nadel von hinten durch die Mitte (Anfangsring) stechen und zu den Einstichstellen der 1. Runde arbeiten. Wieder zur Mitte zurückkehren, mit der Nadel von hinten durch die Mitte stechen und im Abstand von 2 Maschen in die nächste Einstichstelle stechen. Den Vorgang wiederholen. Es entstehen 5 Stiche. Faden nicht abschneiden, sondern zur 2. Runde übergehen.

2. Runde: Hier wird der Faden abwechselnd 1-mal über und 1-mal unter den Maschenhals gefädelt.

3. Runde: Um jeden 3. Maschenhals entsteht ein Punkt. Dafür den Faden 4-mal um den Hals der Masche wickeln.

Fertigstellung

Den Faden von F 2 nach ca. 15 cm abschneiden und die Fäden gut vernähen.

Farbideen

F 1 451 Himmelblau, 50 g
F 2 416 Butterblume, 50 g

F 1 427 Minze, 50 g
F 2 426 Jade, 50 g

Boshi fertig in ca. 1,5h

Loop fertig in ca. 3h

Shibata

Boshi und Loop

Ein locker-luftiges Set für den Sommer.

Die Boshi und der dünne Rundschal „Shibata“ werden mit einfachen Stäbchen, Stäbchenbündeln und festen Maschen gehäkelt (siehe ab Seite 182).

Skills

Maschenprobe

10 x 10 cm =
14 einfache Stäbchen x 8 Reihen

Nadeln

myboshi Häkelnadel 4,5 mm, Stick-/Vernähnadel

Kopfumfang

Größe M 52–56 cm
Größe L 57–60 cm

Material

myboshi Wolle No. 2 und No. 4

Farbe 1 215 Avocado, Boshi: 20 g, Loop: 30 g

Farbe 2 426 Jade, Boshi: 15 g, Loop: 35 g

Farbe 3 431 Orange, Boshi: 20 g, Loop: 30 g

www.selfmade-boshi.com/4seasons/Shibata

Anleitung ››

Ein Stäbchenbündel wird in 1 Einstichstelle gehäkelt und besteht aus 2 einfachen Stäbchen, 1 Luftmasche und nochmals 2 einfachen Stäbchen.

Anfangsring oben mit F 1 (siehe Seite 184). Gilt für Größe M und Größe L. Die Runden werden geschlossen (siehe Seite 191). **Aufgepasst!** Beginnt die Runde mit den einfachen Stäbchen, werden 2 Luftmaschen gehäkelt, bei festen Maschen oder halben Stäbchen jeweils 1 Luftmasche.

BOSHI für Größe M

Farbe	Runde	Beschreibung	Anzahl Maschen in Runde
F 1	1.	in den Ring vom Anfang 12 einfache Stäbchen arbeiten	12
F 2	2.	jede feste Masche doppeln, also 2 Maschen in 1 Einstichstelle arbeiten	24
F 1	3.	2 einfache Stäbchen häkeln, 1 einfaches Stäbchen doppeln	32
F 2	4.	3 feste Maschen einfach häkeln, 1 feste Masche doppeln	40
F 1	5.	4 einfache Stäbchen häkeln, 1 einfaches Stäbchen doppeln	48
F 2	6.	5 feste Maschen einfach häkeln, 1 feste Masche doppeln	56
F 1	7.	13 einfache Stäbchen häkeln, 1 einfaches Stäbchen doppeln	60
F 2	8.	feste Maschen häkeln	60
F 1	9.	einfache Stäbchen häkeln	60
F 2	10.	8. Rd wiederholen	60
F 3	11.	in die nächste Einstichstelle nach der Kettmasche und den 2 Luftmaschen (1 Stäbchenbündel häkeln, 3 Einstichstellen auslassen, 1 Stäbchenbündel häkeln) Klammer fortan wiederholen	15 Stäbchenbündel
		Aufgepasst! In den nächsten 4 Runden werden die Stäbchenbündel immer um die Luftmasche des Stäbchenbündels aus der Vorrunde gehäkelt.	
F 3	12.	Stäbchenbündel häkeln	15 Stäbchenbündel
F 3	13.–15.	12. Rd wiederholen	15 Stäbchenbündel
F 2	16.	(1 feste Masche in das 1. Stäbchen des Stäbchenbündels, 1 feste Masche um die Luftmasche des Stäbchenbündels, 1 feste Masche in das 3. Stäbchen des Stäbchenbündels, 1 feste Masche in den Zwischenraum der Stäbchenbündel) Klammer fortan wiederholen	60
F 1	17.	einfache Stäbchen häkeln	60
F 2	18.	feste Maschen häkeln	60
F 1	19.	einfache Stäbchen häkeln	60
F 2	20.	Abschlussrunde/Rückrunde: feste Maschen häkeln (siehe Seite 192)	60
		Ende für Größe M	

BOSHI für Größe L

Farbe	Runde	Beschreibung	Anzahl Maschen in Runde
F1 + F2	1.–6.	siehe Größe M	12–56
F1	7.	6 einfache Stäbchen häkeln, 1 einfaches Stäbchen doppeln	64
F2	8.	feste Maschen häkeln	64
F1	9.	einfache Stäbchen häkeln	64
F2	10.	siehe Größe M, nur 4 Maschen in der Rd mehr	64
F3	11.	siehe Größe M, nur 1 Stäbchenbündel in der Rd mehr	16 Stäbchenbündel
		Aufgepasst! In den nächsten 4 Runden werden die Stäbchenbündel immer um die Luftmasche des Stäbchenbündels aus der Vorrunde gehäkelt.	
F3	12.	Stäbchenbündel häkeln	16 Stäbchenbündel
F3	13.–15.	12. Rd wiederholen	16 Stäbchenbündel
F2 + F1	16.–19.	siehe Größe M, nur mit 4 Maschen in der Rd mehr	64
F2	20.	feste Maschen häkeln	64
F1	21.	jedes halbe Stäbchen einfach häkeln	64
F2	22.	Abschlussrunde/Rückrunde: feste Maschen häkeln (siehe Seite 192)	64
		Ende für Größe L	

Fertigstellung

Alle Fäden nach ca. 15 cm abschneiden und gut vernähen.

LOOP

Anfang: 156 doppelte Luftmaschen mit F1 anschlagen und zur Runde schließen (siehe Seite 184).

Farbe	Runde	Beschreibung	Anzahl Maschen in Runde
F2	1.	156 einfache Stäbchen häkeln	156
F1	2.	feste Maschen einfach häkeln	156
F2	3.	einfache Stäbchen häkeln	156
F1	4.	feste Maschen häkeln	156
F3	5.	siehe 11. Rd bei Größe M der Boshi	39 Stäbchenbündel
F3	6. + 7.	Stäbchenbündel häkeln	39 Stäbchenbündel
F1	8.	siehe 16. Rd bei Größe M der Boshi	156
F2	9.	einfache Stäbchen häkeln	156
F1	10.	feste Maschen häkeln	156

Fortsetzung: Loop

Farbe	Runde	Beschreibung	Anzahl Maschen in Runde
F 2	11.	einfache Stäbchen häkeln	156
F 1	12.	Abschlussrunde/Rückrunde: feste Maschen häkeln (siehe Seite 192)	156

Fertigstellung

Alle Fäden nach ca. 15 cm abschneiden und gut vernähen.

Farbideen

F 1 457 Blaubeere, Stirnband: 20 g, Loop: 30 g
F 2 461 Candy Purpur, Stirnband: 15 g, Loop: 35 g
F 3 436 Puder, Stirnband: 20 g, Loop: 30 g

F 1 462 Magenta, Stirnband: 20 g, Loop: 30 g
F 2 427 Minze, Stirnband: 15 g, Loop: 35 g
F 3 424 Apfelgrün, Stirnband: 20 g, Loop: 30 g

myboshi

Hofu

fertig in ca.
2,5h

Unser Hofu „behutet“ vor der Sonne.

Der Hut „Hofu“ wird mit halben Stäbchen und je nach Verzierung mit festen Maschen und Kettmaschen gehäkelt (siehe ab Seite 182).

Skills ●○○○○

Maschenprobe
10 x 10 cm =
12 halbe Stäbchen x 9 Reihen

Nadeln
myboshi Häkelnadel 6,0 mm,
Stick-/Vernähnadel

Kopfumfang

Größe XS	bis 42 cm
Größe S	47–51 cm
Größe M	52–56 cm

Material
myboshi Wolle No. 5

Größe S

Farbe 1	559 Saphir, 25 g
Farbe 2	552 Türkis, 25 g
Farbe 3	550 Wolke, 25 g

www.selfmade-boshi.com/4seasons/Hofu

Anleitung »

Anfangsring oben mit F 1 (siehe Seite 184). Gilt für alle Größen. Runden werden geschlossen (siehe Seite 191).
Fortan wird nun mit halben Stäbchen gearbeitet, die hier als „Maschen" bezeichnet werden.

HOFU für Größe XS

Farbe	Runde	Beschreibung	Anzahl Maschen in Runde
F 1	1.	in den Ring vom Anfang 12 Maschen arbeiten	12
F 1	2.	jede Masche doppeln, also 2 Maschen in 1 Einstichstelle arbeiten	24
F 1	3.	2 Maschen einfach häkeln, 1 Masche doppeln	32
F 1	4.	3 Maschen einfach häkeln, 1 Masche doppeln	40
F 1	5.	4 Maschen einfach häkeln, 1 Masche doppeln	48
F 1	6.–12.	jede Masche einfach häkeln	48
F 2	13.	(1 Masche einfach häkeln, 1 Masche doppeln) Klammer fortan wiederholen	72
F 2	14.	1 Masche einfach häkeln, 1 Masche doppeln, (2 Maschen einfach häkeln, 1 Masche doppeln) Klammer fortan wiederholen, am Ende 1 Masche einfach häkeln	96
F 2	15.	1 Masche einfach häkeln, 1 Masche doppeln, (3 Maschen einfach häkeln, 1 Masche doppeln) Klammer fortan wiederholen, am Ende 2 Maschen einfach häkeln	120
F 3	16.	Abschlussrunde/Rückrunde: feste Maschen häkeln (siehe Seite 192)	120
		Ende für Größe XS	
		Tipp: Als Verzierung aus Restwolle ein Band flechten und locker an der Krempe befestigen.	

HOFU für Größe S

Farbe	Runde	Beschreibung	Anzahl Maschen in Runde
F 1 + F 2	1.–5.	siehe Größe XS, nur F 1 und F 2 im Wechsel	12–48
F 2	6.	7 Maschen einfach häkeln, 1 Masche doppeln	54
F 1	7.	jede Masche einfach häkeln	54
F 2	8.	jede Masche einfach häkeln	54
F 1 + F 2	9.–14.	7. + 8. Rd 3-mal wiederholen	54
F 3	15.	wie 13. Rd bei Größe XS häkeln	81
F 3	16.	wie 14. Rd bei Größe XS häkeln	108
F 3	17.	wie 15. Rd bei Größe XS häkeln	135
F 2	18.	Abschlussrunde: (3 Kettmaschen + 1 feste Masche einfach häkeln) Klammer fortan wiederholen	135
		Ende für Größe S	

HOFU für Größe M

Farbe	Runde	Beschreibung	Anzahl Maschen in Runde
F 1 + F 2 + F 3	1.–5.	siehe Größe XS, jeweils F 1, F 2 und F 3 im Wechsel	12–48
F 3	6.	5 Maschen einfach häkeln, 1 Masche doppeln	56
F 1	7.	13 Maschen einfach häkeln, 1 Masche doppeln	60
F 1 + F 2 + F 3	8.–13.	jede Masche einfach häkeln, jeweils F 1, F 2 und F 3 im Wechsel	60
F 2	14.	jede Masche einfach häkeln	60
F 3	15. + 16.	jede Masche einfach häkeln	60
F 2	17. + 18.	jede Masche einfach häkeln	60
F 4	19.	wie 13. Rd bei Größe XS	90
F 4	20.	wie 14. Rd bei Größe XS	120
F 4	21.	wie 15. Rd bei Größe XS	150
F 4	22.	Abschlussrunde: Kettmaschen häkeln	150

Ende für Größe M

Tipp: Als Verzierung kann der Faden von F 1 durch die Maschen der 17. Runde gezogen werden.

Fertigstellung

Alle Fäden nach ca. 15 cm abschneiden und gut vernähen.

Tipp: Da jeder etwas anders häkelt und die Kopfgröße bei Kindern stark variiert, kann es sein, dass der Hut manchmal ein bisschen zu lang wird. Dann einfach der Kopflänge nach Runden vor der Krempe weglassen.

Farbideen

Größe XS

F 1 562 Magenta, 35 g
F 2 593 Silber, 25 g
F 3 521 Limettengrün, 10 g

Größe M

F 1 591 Weiß, 25 g
F 2 521 Limettengrün, 25 g
F 3 515 Avocado, 25 g
F 4 513 Löwenzahn, 25 g

1 Topftierchen fertig in ca.
3,5h

Toda

Topftierchen schützen die Hände jederzeit vor Hitze!

Die Tiertopflappen „Toda“ bestehen aus den Modellen „Frosch“, „Zebra“ und „Löwe“. Das jeweilige Modell wird mit doppeltem Faden und halben Stäbchen gehäkelt. Jedes Modell besteht aus 1 Vorder- und 1 Hinterteil. Verstärkt werden beide Teile durch das innen liegende Maul, das mit einfachem Faden gehäkelt und am Ende zusammengenäht wird (siehe ab Seite 182).

Skills

Maschenprobe
10 x 10 cm =
14 halbe Stäbchen x 10 Reihen
mit Häkelnadel 4,5 mm

Nadeln
myboshi Häkelnadel 6,0 mm und 4,5 mm, Stick-/Vernähnadel

Größe

Breite	ca. 12 cm
Länge	ca. 10 cm

Material
myboshi Wolle No. 4, Wollreste (Weiß, Silber und Schwarz) für Augen und Nüstern (für das Zebra)

Farbe 1	273 Karamell, 60 g
Farbe 2	436 Puder, 20 g
Farbe 3	437 Aprikose, 25 g
Farbe 4	416 Butterblume, 10 g

www.selfmade-boshi.com/4seasons/Toda

Anleitung >>

FROSCH

Hinterteil

Anfangsring unten in F 1 (siehe Seite 184). Gilt für alle Vorder- und Hinterteile. Gehäkelt wird mit doppeltem Faden. Runden werden geschlossen (siehe Seite 191). **Aufgepasst!** Das Hinterteil wird mit der 6,0-mm-Häkelnadel gearbeitet. Fortan wird nun mit halben Stäbchen gearbeitet, die hier als „Maschen" bezeichnet werden.

Farbe	Runde	Beschreibung	Anzahl Maschen in Runde
F 1	1.	in den Ring vom Anfang 8 Maschen arbeiten	8
F 1	2.	1 Masche einfach häkeln, 1 Masche doppeln, also 2 Maschen in 1 Einstichstelle arbeiten	12
F 1	3.	2 Maschen einfach häkeln, 1 Masche doppeln	16
F 1	4.	3 Maschen einfach häkeln, 1 Masche doppeln	20
F 1	5.	4 Maschen einfach häkeln, 1 Masche doppeln	24
F 1	6.	5 Maschen einfach häkeln, 1 Masche doppeln	28
F 1	7.–9.	jede Masche einfach häkeln	28
		Ende des Hinterteils: Den Faden nach ca. 15 cm abschneiden und durch die letzte Kettmasche ziehen.	

Vorderteil

Aufgepasst! Das Vorderteil wird mit der 6,0-mm-Häkelnadel gearbeitet.

Farbe	Runde	Beschreibung	Anzahl Maschen in Runde
F 1	1.–9.	siehe Frosch-Hinterteil	8–28
F 1	10.	jede Masche einfach häkeln	28
		Ende des Vorderteils: Den Faden nach ca. 15 cm abschneiden und durch die letzte Kettmasche ziehen.	

Hinteres Maul

Anfangsring unten in F 2 (siehe Seite 184). Gilt für alle Mäuler. Gehäkelt wird mit einfachem Faden. Runden werden geschlossen (siehe Seite 191). **Aufgepasst!** Das Maulhinterteil wird mit der 4,5-mm-Häkelnadel gearbeitet.

Farbe	Runde	Beschreibung	Anzahl Maschen in Runde
F 2	1.–9.	siehe Frosch-Hinterteil; hier wird nur mit F 2 gearbeitet	8–28
		Ende vom hinteren Maul: Anschließend beide Seiten aufeinanderlegen und oben mit festen Maschen zusammennähen. Den Faden nach ca. 50 cm abschneiden. Der lange Faden wird benötigt, um das hintere Maul am hinteren Teil festzunähen.	

Vorderes Maul

Aufgepasst! Das Maulvorderteil wird mit der 4,5-mm-Häkelnadel gearbeitet.

Farbe	Runde	Beschreibung	Anzahl Maschen in Runde
F 2	1.	in den Ring vom Anfang 12 Maschen arbeiten	12
F 2	2.	1 Masche einfach häkeln, 1 Masche doppeln, also 2 Maschen in 1 Einstichstelle arbeiten	18
F 2	3.–5.	jede Masche einfach häkeln	18
F 2	6.	2 Maschen einfach häkeln, 1 Masche doppeln	24
F 2	7.	3 Maschen einfach häkeln, 1 Masche doppeln	30
F 2	8.	jede Masche einfach häkeln	30
		Ende vom vorderen Maul: Das vordere Maul wird ebenfalls zusammengehäkelt und der Faden wird nach ca. 50 cm abgeschnitten.	

ZEBRA

Hinterteil

Aufgepasst! Das Hinterteil wird mit der 6,0-mm-Häkelnadel gearbeitet. **Aufgepasst!** Da das Zebra 2-farbig ist, wird für das Vorder- und das Hinterteil jeweils der doppelte Faden von F 1 und F 2 benötigt.

Farbe	Runde	Beschreibung	Anzahl Maschen in Runde
F 1	1.	in den Ring vom Anfang 4 halbe Stäbchen und 4 feste Maschen arbeiten	8
F 2	2.	(1 feste Masche einfach häkeln, 1 feste Masche doppeln, also 2 Maschen in 1 Einstichstelle arbeiten) Klammer noch 1-mal wiederholen, (1 halbes Stäbchen einfach häkeln, 1 halbes Stäbchen doppeln) Klammer noch 1-mal wiederholen	12
F 1	3.	(2 halbe Stäbchen einfach häkeln, 1 halbes Stäbchen doppeln) Klammer noch 1-mal wiederholen, (2 feste Maschen einfach häkeln, 1 feste Masche doppeln) Klammer noch 1-mal wiederholen	16
F 2	4.	(3 feste Maschen einfach häkeln, 1 feste Masche doppeln) Klammer noch 1-mal wiederholen, (3 halbe Stäbchen einfach häkeln, 1 halbes Stäbchen doppeln) Klammer noch 1-mal wiederholen	20
F 1	5.	(4 halbe Stäbchen einfach häkeln, 1 halbes Stäbchen doppeln) Klammer noch 1-mal wiederholen, (4 feste Maschen einfach häkeln, 1 feste Masche doppeln) Klammer noch 1-mal wiederholen	24
F 2	6.	(5 feste Maschen einfach häkeln, 1 feste Masche doppeln) Klammer noch 1-mal wiederholen, (5 halbe Stäbchen einfach häkeln, 1 halbes Stäbchen doppeln) Klammer noch 1-mal wiederholen	28
F 1	7.	14 halbe Stäbchen einfach häkeln, 14 feste Maschen einfach häkeln	28
F 2	8.	14 feste Maschen und danach 14 halbe Stäbchen einfach häkeln	28
F 1	9.	7. Rd wiederholen	28
		Ende: Den Faden nach ca. 15 cm abschneiden und durch die letzte Kettmasche ziehen.	

ZEBRA

Vorderteil

Aufgepasst! Das Vorderteil wird mit der 6,0-mm-Häkelnadel gearbeitet.

Farbe	Runde	Beschreibung	Anzahl Maschen in Runde
F 1 + F 2	1.–9.	siehe Hinterteil	8–28
F 2	10.	14 feste Maschen und danach 14 halbe Stäbchen einfach häkeln	28

Vorderes und hinteres Maul

Diese beiden Teile werden vom Frosch übernommen, jedoch in F 3 gehäkelt.

Gesichter für alle Modelle

Augen

Die Augen von Frosch und Zebra sind identisch. Für den Löwen werden nur 2 schwarze Pupillen gehäkelt.

Augapfel (großer weißer Kreis)

14 einfache Stäbchen in den Anfangsring arbeiten und am Ende mit 1 Kettmasche im 1. Stäbchen schließen. Den Faden nach ca. 15 cm abschneiden und durch die Kettmasche ziehen. Vorgang für das 2. Auge wiederholen.

Schwarze Pupille (siehe Knubbel bei großer Blüte) (siehe Seite 190)

Für das 2. Auge noch einen 2. Knubbel häkeln.

Haare

Für das Zebra und den Löwen werden noch Haare benötigt.

Zebra: 10 oder mehr Fadenstücke in Schwarz mit einer Länge von 15 cm abschneiden und als Bündel oben ans Vorderteil knüpfen.

Löwe – einzelne Haare: Den Faden ca. 5-mal in Schleifenform um den Zeigefinger und den Mittelfinger wickeln, dann in der Mitte verknoten und einzelne Zwirne/Fäden aufdröseln oder herausziehen. Vorgang so oft wie gewünscht mit F 3 und F 4 wiederholen, dann als Mähne am Kopf befestigen.

Der Frosch besitzt keine Haare.

LÖWE

Vorder- und Hinterteil sowie vorderes und hinteres Maul

Die Anleitung für Vorder- und Hinterteil sowie für das vordere und das hintere Maul werden vom Frosch übernommen – allerdings in den Farben des Löwen.

Schnauze

Anfang mit F 3. Gehäkelt wird mit einfachem Faden und der 4,5-mm-Häkelnadel. Runden werden geschlossen (siehe Seite 191).

Farbe	Runde	Beschreibung	Anzahl Maschen in Runde
F 3	1.	in den Ring vom **Anfang** 8 halbe Stäbchen arbeiten	8
F 3	2.	1 halbes Stäbchen einfach häkeln, 1 halbes Stäbchen doppeln, also 2 Maschen in 1 Einstichstelle arbeiten	12
F 3	3.	jedes halbe Stäbchen einfach häkeln	12
F 3	4.	immer 2 halbe Stäbchen zusammen abmaschen (siehe Seite 187)	6
F 3	5.	jedes halbe Stäbchen doppeln	12
F 3	6.	jedes halbe Stäbchen einfach häkeln	12
F 3	7.	1 halbes Stäbchen einfach häkeln, 2 halbe Stäbchen zusammen abmaschen	8
F 3	8.	jedes halbe Stäbchen einfach häkeln	8

Ende der Schnauze: Anschließend den Faden durch diese 8 Maschen fädeln und nach ca. 50 cm abschneiden. Der Faden wird noch zum Annähen benötigt.

Fertigstellung

Vorder- und Hinterteil aufeinanderlegen und an den Innenkanten mit festen Maschen zusammenhäkeln, damit die Form des Handschuhs entsteht. Nun mit den langen Fäden das hintere Maul auf das hintere Teil nähen, indem man das hintere Maul an die obere Kante zum Vorderteil anlegt und außen herum jedoch nur durch eine Lage näht. Das vordere Maul nun auf die gleiche Weise an das Vorderteil nähen. Nun die Gesichter der Modelle mit Augen, Haaren und beim Löwen mit der Schnauze gestalten.

Tipp: 2 Luftmaschenketten mit jeweils 9 Luftmaschen und doppeltem Faden dienen als Schlaufen zum Aufhängen der Topftierchen. Zum Schluss noch alle übrigen Fäden gut vernähen.

Farbideen

F 1 422 Grasgrün, 60 g
F 2 432 Signalrot, 20 g

F 1 491 Weiß, 30 g
F 2 496 Schwarz, 30 g
F 3 432 Signalrot, 20 g

myboshi

Riverside-Stricktop

Das Stricktop „Riverside" ist ein echtes Schmuckstück. Das Top wird glatt rechts in Hinreihen (ungerade Reihenzahlen) und Rückreihen (gerade Reihenzahlen) gestrickt und beginnt mit dem Bündchen. Die Armausschnitte und der Halsausschnitt werden als Rollrand – glatt rechts – nach dem Zusammennähen von Vorder- und Rückteil in Runden angestrickt. Beim Stricktop beginnt man mit dem Bund unten (siehe ab Seite 182).

Skills

Maschenprobe
10 x 10 cm =
16 Maschen x 10 Reihen
(glatt rechts)

Nadeln
Rundstricknadel 4,5 mm
(80 cm), Stick-/Vernähnadel

Größen
S/M: 36/38
L: 40/42
Länge bei S/M: 68 cm

Material
myboshi Wolle No. 4
Riverside 1
Farbe 1 423 Smaragd, 120 g
Farbe 2 458 Meerblau, 120 g
Farbe 3 421 Limettengrün, 50 g

www.selfmade-boshi.com/
4seasons/Riverside

Anleitung »

Glatt rechts: Dabei werden in den Hinreihen immer rechte Maschen gestrickt und in den Rückreihen immer linke Maschen. Wenn man dann die rechte Seite (Vorderseite) des Gestrickten betrachtet, sieht man nur rechte Maschen. Auf der Rückseite sind linke Maschen sichtbar.

RIVERSIDE für Größe S/M (Vorderteil)

Anfang: 86 Maschen mit F 1 anschlagen.
Bund **Aufgepasst!** Für Riverside 3 wird ein Bund mit F 4 glatt rechts mit 24 Reihen gestrickt, der am Ende zur Hälfte nach innen geklappt wird. Für Riverside 1 und 2 wird der Bund mit F 3 gearbeitet. 7 Reihen glatt rechts, danach 1 Reihe mit 1/1-Rippe stricken. Der Bund wird sowohl beim Vorder- als auch beim Rückteil gleich gestrickt.

Farbe	Reihe	Beschreibung	Anzahl Maschen in Reihe
F 1	1. + 2.	glatt rechts stricken (siehe Seite 195)	86
		Aufgepasst! Die Fäden der Farben werden am Rand mitgeführt.	
F 2	3. + 4.	glatt rechts stricken	86
F 1 + F 2	5.–88.	R 1–4 noch 21-mal wiederholen	86
F 1	89. + 90.	R 1 + 2 wiederholen	86
		Jetzt beginnen die Abnahmen links und rechts für den Armausschnitt.	
F 2	91.	4 Maschen abketten (siehe Seite 195), den Rest glatt rechts stricken	82
F 2	92.	4 Maschen abketten, den Rest glatt rechts stricken	78
F 1	93.	3 Maschen abketten, den Rest glatt rechts stricken	75
F 1	94.	3 Maschen abketten, den Rest glatt rechts stricken	72
F 2	95.	2 Maschen abketten, den Rest glatt rechts stricken	70
F 2	96.	2 Maschen abketten, den Rest glatt rechts stricken	68
F 1	97.	2 Maschen abketten, den Rest glatt rechts stricken	66
F 1	98.	2 Maschen abketten, den Rest glatt rechts stricken	64
F 2	99.	2 Maschen abketten, den Rest glatt rechts stricken	62
F 2	100.	2 Maschen abketten, den Rest glatt rechts stricken	60
F 1	101.	1 Masche abketten, den Rest glatt rechts stricken	59
F 1	102.	1 Masche abketten, den Rest glatt rechts stricken	58
F 2	103.	1 Masche abketten, den Rest glatt rechts stricken	57
F 2	104.	1 Masche abketten, den Rest glatt rechts stricken	56
F 1	105.	1 Masche abketten, den Rest glatt rechts stricken	55
F 1	106.	1 Masche abketten, den Rest glatt rechts stricken	54
F 2	107.	1 Masche abketten, den Rest glatt rechts stricken	53
F 2	108.	1 Masche abketten, den Rest glatt rechts stricken	52
F 1	109.	glatt rechts stricken	52
F 1	110.	glatt rechts stricken	52

Farbe	Reihe	Beschreibung	Anzahl Maschen in Reihe
F 2	111.	glatt rechts stricken	52
F 2	112.	glatt rechts stricken	52
F 1 + F 2	113.–120.	R 109–112 noch 2-mal wiederholen	52
		Hier beginnt die Abnahme bzw. das Abketten für den Halsausschnitt und gleichzeitig für die Träger. Diese werden links und rechts nach oben gestrickt. Beginn mit dem linken Träger (wenn man das Gestrickte vor sich liegen hat, dann ist das rechts).	

Halsausschnitt und linker Träger

Farbe	Reihe	Beschreibung	Anzahl Maschen in Reihe
F 1	121.	26 Maschen stricken	26
F 1	122.	8 Maschen abketten, 18 Maschen stricken	18
F 2	123.	18 Maschen stricken	18
F 2	124.	4 Maschen abketten, 14 Maschen stricken	14
F 1	125.	14 Maschen stricken	14
F 1	126.	2 Maschen abketten, 12 Maschen stricken	12
F 2	127.	12 Maschen stricken	12
F 2	128.	1 Masche abketten, 11 Maschen stricken	11
F 1	129.	11 Maschen stricken	11
F 1	130.	1 Masche abketten, 10 Maschen stricken	10
F 2	131.	10 Maschen stricken	10
F 2	132.	1 Masche abketten, 9 Maschen stricken	9
F 1	133.	1 Masche abketten, 8 Maschen stricken	8
F 1	134.	1 Masche abketten, 7 Maschen stricken	7
F 2	135.	1 Masche abketten, 6 Maschen stricken	6
F 2	136.	1 Masche abketten, 5 Maschen stricken	5
F 1	137.	1 Masche abketten, 4 Maschen stricken	4
F 1	138.	4 Maschen stricken	4
F 2	139. + 140.	4 Maschen stricken	4
F 1	141. + 142.	4 Maschen stricken	4
F 2 + F 1	143.–148.	R 139–142 wiederholen	4
		Ende des Halsausschnitts und des linken Trägers: Die Fäden nach ca. 15 cm abschneiden und zum Halsausschnitt in R 120 zurückkehren. Der Faden von F 1 wird nun neu angesetzt.	

Halsausschnitt und rechter Träger

Aufgepasst! Hier beginnt man mit der Rückreihe. Das heißt, der Faden von F1 wird in der letzten Masche der 120. Reihe angesetzt und die 121. Reihe wird als Rückreihe gestrickt. Die Maschenabnahme und das Stricken der einzelnen Maschen werden vom linken Träger übernommen.

RIVERSIDE für Größe S/M (Rückteil)

Das Rückteil wie das Vorderteil arbeiten.

Fertigstellung

Alle Fäden von Vorder- und Rückteil nach ca. 15 cm abschneiden und gut vernähen. Die rechten Maschenseiten aufeinanderlegen, an den Seiten und oben an den Trägern zusammennähen. Anschließend die rechte Maschenseite wieder nach außen stülpen und mit dem Rollrand beginnen.

Rollrand

Aufgepasst! Der Rollrand wird in Runden mit F3 glatt rechts gestrickt, das heißt, man strickt nur rechte Maschen.

Arm- und Halsausschnitt bestehen aus 9 Runden, die glatt rechts gestrickt werden, und rollen sich nach außen, damit man auch die linke Seite des Randes sieht. Am besten an einer Seitennaht beginnen, den Rand zu stricken.

Beim **Bund unten** werden die ersten beiden Runden zunächst mit 1/1-Rippe gestrickt, anschließend folgen 7 Runden glatt rechts.

Zuletzt die Fäden vom Rand nach ca. 15 cm abschneiden und gut vernähen.

RIVERSIDE für Größe L

Größe L ist 4 Maschen breiter und 4 Reihen länger. Die Maschenabnahmen erfolgen bis Reihe 120. Hier hat man eine Maschenzahl pro Reihe von 56 Maschen. Anschließend strickt man noch 2 Reihen in F1 und 2 Reihen in F2.

Der Halsausschnitt und die Arme werden ebenfalls nach der Maschenabnahme von Größe M gestrickt.

Tipp: Die Träger können nach Belieben verlängert werden. Dazu einfach mehr Reihen mit 4 Maschen stricken.

Farbideen

Riverside 2

F1 430 Koralle, 120 g
F2 457 Blaubeere, 120 g
F3 451 Himmelblau, 50 g

Riverside 3

F1 463 Violett, 90 g
F2 492 Elfenbein, 70 g
F3 421 Limettengrün, 70 g
F4 452 Türkis, 90 g

Häkeln ist das neue Yoga

Hätte man uns vor ein paar Jahren angeboten, eine Boshi zu häkeln, hätten auch wir sicher abgelehnt. Die Vorstellung, dass wir die missglückten Häkelversuche unserer Kindheit nun als Modeaccessoire auf dem Kopf tragen sollten – unvorstellbar.

Nicht weniger absurd wäre für uns damals die Vorstellung gewesen, dass wir irgendwann einmal ausgerechnet mit selbst gemachten Häkelmützen eine der erfolgreichsten Unternehmensgründungen in Deutschland generieren würden, dass unsere Bücher die meistverkauften Handarbeitsbücher aller Zeiten werden und unsere Wolle einen ganzen Handelszweig aus dem Dornröschenschlaf weckt.

Aber wie und warum konnte es passieren, dass weltweit die Menschen dem Häkelvirus verfallen?

Vermutlich geht es vielen genauso wie uns. E-Mails, SMS, Nachrichten über WhatsApp und Anrufe begleiten unseren Alltag bis in den Abend, auch am Wochenende. Der schnelle Blick zu Facebook, Twitter und Co. reduziert unsere Kommunikation auf eine oberflächliche 2-D-Welt auf unseren Bildschirmen. Wir geraten in einen virtuellen Strudel, der bei einigen von uns Stress bis zum Burn-out erzeugt. Dabei ist ein gesunder Ausgleich viel einfacher, als wir denken.

Häkeln zum Beispiel: Häkeln ist kinderleicht und eine Boshi dauert nicht länger als ein klassischer Spielfilm. Das Endprodukt ist einzigartig, spiegelt deinen Style und deine Individualität wider und verbreitet ein angenehmes Gefühl, etwas Sinnvolles und Praktisches mit den eigenen Händen geschaffen zu haben. Probiere es aus! Es sorgt für eine tiefe Zufriedenheit im ganzen Körper. Während des Häkelns vergisst du die Zeit und die monotone Tätigkeit versetzt dich in einen tranceartigen Zustand.

Sogar die Wissenschaft hat sich mit diesem Phänomen beschäftigt und dabei Erstaunliches entdeckt: Wer öfter mal die Häkelnadel schwingt, kann nicht nur Stress bewältigen, sondern steigert sein Erinnerungsvermögen.

So hat beispielsweise Yonas Geda, Hirnforscher an der Mayo Clinic in Rochester im US-Bundesstaat Minnesota, mehr als 400 Senioren zu ihren Freizeitbeschäftigungen befragt und diese mit dem Auftreten von milden Gedächtnisstörungen verglichen. Das Ergebnis: Wer regelmäßig häkelte oder strickte statt fernzusehen, hatte ein um 40 Prozent reduziertes Risiko für pathologische Gedächtnisverluste, einer Vorstufe von Alzheimer und Demenz. Der Effekt zeigte sich auch, wenn diesen Hobbys erst später im Leben nachgegangen wurde.

Handarbeit scheint positive Wirkungen auf Gehirn und Körper zu haben. Die Idee dahinter: „Wenn man eine Tätigkeit immer wieder ausübt, kommt man in einen Zustand vollkommener Entspannung wie bei Meditation oder Yoga“, erklärt Herbert Benson, Gründer vom Benson-Henry Institute for Mind Body Medicine in Harvard.

So senkt Handarbeiten wie die fernöstlichen Entspannungstechniken die Pulsrate und den Blutdruck, zeigten erste Studien an seinem Institut. Konkret: Stricken hat bei Probanden beispielsweise den Herzschlag um elf Schläge pro Minute gesenkt. Im Gehirn werden außerdem bei kreativer Arbeit die gleichen Areale, etwa im Hippocampus, aktiv wie bei Meditierenden oder Betenden, hat Herbert Benson mittels Kern-

spintomografie nachgewiesen. Der Hippocampus ist unter anderem Ort unserer Erinnerungen.

Aber auch für Heranwachsende ist der Handarbeitsunterricht ideal, um Lernpotenziale auszuschöpfen, meint Iris Kolhoff-Kahl, Erziehungswissenschaftlerin an der Universität Paderborn. Denn: „Häufigkeit, Relevanz und Ähnlichkeit einer Tätigkeit, wie es beim Handarbeiten der Fall ist, sind wichtig für die Vernetzung im Gehirn."

Spaßfaktor Häkeln

Ein weiterer Grund für den weltweiten Häkelvirus ist sicher auch, dass Häkeln sich grundlegend geändert hat. Gehäkelt wird nicht mehr, weil man muss, sondern weil es cool und modern ist. Handarbeit steht für Qualität, Wertigkeit und eigene Kreativität. Häkeln ist Trend und erzeugt soziale Bindungen, die heute nicht selten über die sozialen Netzwerke entstehen. Auch familiäre Bande werden wieder neu geknüpft.

Beim Häkeln hat man Spaß – und das nicht nur allein zu Hause auf dem Sofa. Es entsteht eine richtige Handarbeitscommunity: In immer mehr WhatsApp-Gruppen organisieren sich wildfremde Leute, um Tipps und Tricks auszutauschen. Lehrvideos werden gedreht, die der Freundin über das Internet geschickt werden, da sie sich noch nicht ganz mit den Stäbchen auskennt. Einige der Videos werden dann sogar auf YouTube-Channels geladen und begeistern Tausende Menschen.

Ganz klar: Häkeln verbindet, man kann sich austauschen und anderen sein Wissen weitergeben.

Wir bekommen von vielen Großmüttern Zuspruch, weil es toll ist, dass ihre Enkel sich das Häkeln von ihnen erklären lassen, da es die Mütter oft nicht mehr beherrschen. Handarbeiten ist ein Spaß geworden, bei dem die Generationen wieder zusammenfinden. Oma lehrt den Enkel das Handarbeiten – oder aber handarbeitet für den Enkel. Die Fähigkeiten der älteren Generation werden endlich wieder begeistert aufgenommen.

Was uns Boshis besonders gut gefällt, ist, dass immer mehr Kinder und Jugendliche das Häkeln lernen wollen. Handarbeitsstunden sind zwar aus den meisten Lehrplänen gestrichen, es gibt aber wieder viele Lehrerinnen und Lehrer, die mit Enthusiasmus und in Eigeninitiative Handarbeits-AGs in Schulen gründen. Diese AGs sind mittlerweile so beliebt, dass Zusatzkurse angeboten werden müssen.

Nachweise: Dr. Herbert Benson; The Relaxation Response, 1975; The Mind/Body Effect: How behavioral medicine can show you the way to better health, 1979

Yonas Geda, Knopman DS, Roberts RO, Geda YE, Boeve BF, Pankratz VS, Cha RH, Tangalos EG, Ivnik RJ, Petersen RC. Association of prior stroke with cognitive function and cognitive impairment: a population-based study. Arch Neurol. 2009, May

Iris Kolhoff-Kahl; www.textil-creativ.at/Handarbeit%20als%20Bildungsauftrag.pdf

Anleitung online unter

www.selfmade-boshi.com/
4seasons/Herbst

WINTER
SEASON

Tokashi

Eine besonders bunte Boshi.

Die Boshi „Tokashi“ wird mit halben Stäbchen gehäkelt. Damit die bunten Quadrate entstehen, wird der Faden mit in das jeweilige Quadrat eingehäkelt. Auch muss darauf geachtet werden, dass sich die Farben nicht verschieben. Beim Farbwechsel in der Runde den Faden der Maschen etwas anziehen, sodass keine Löcher entstehen (siehe ab Seite 182).

Skills

Maschenprobe
10 x 10 cm =
12 halbe Stäbchen x 8 Reihen

Nadeln
myboshi Häkelnadel 6,0 mm,
Stick-/Vernähnadel

Kopfumfang

Größe M	52–56 cm
Größe L	57–60 cm

Material
myboshi Wolle No. 3

Farbe 1	355 Marine, 45 g
Farbe 2	373 Karamell, 45 g
Farbe 3	321 Limettengrün, 45 g + Bommel, 25 g
Farbe 4	365 Pflaume, 45 g

www.selfmade-boshi.com/
4seasons/Tokashi

Anleitung ››

myboshi

Anfangsring oben mit F1 (siehe Seite 184). Gilt für Größe M und Größe L. Runden werden geschlossen (siehe Seite 191).
Fortan wird nun mit halben Stäbchen gearbeitet, die hier als „Maschen" bezeichnet werden.

TOKASHI für Größe M

Farbe	Runde	Beschreibung	Anzahl Maschen in Runde
F1 + F2 + F3 + F4	1.	in den Ring vom **Anfang** je Farbe 3 Maschen einfach häkeln	12
		Aufgepasst! Jeder Faden der 4 Farben wird beim Häkeln der jeweiligen Farbe immer zurückgelegt und mit eingehäkelt, also einfach den Faden der zu häkelnden Farbe auf die gehäkelten Maschenschlingen derselben Farbe legen und halbe Stäbchen bilden. Durch den Umschlag und das Durchholen des Arbeitsfadens wird der Faden umschlossen.	
F1 + F2 + F3 + F4	2.	jede Masche doppeln, also 2 Maschen in 1 Einstichstelle arbeiten	24
F1 + F2 + F3 + F4	3.	(2 Maschen einfach häkeln, 1 Masche doppeln, 1 Masche einfach häkeln, 1 Masche doppeln, 1 Masche einfach häkeln) Klammer 1-mal je Farbe wiederholen	32
F1 + F2 + F3 + F4	4.	(1 Masche doppeln, 5 Maschen einfach häkeln, 1 Masche doppeln, 1 Masche einfach häkeln) Klammer 1-mal je Farbe wiederholen	40
F1 + F2 + F3 + F4	5.	(4 Maschen einfach häkeln, 1 Masche doppeln, 3 Maschen einfach häkeln, 1 Masche doppeln, 1 Masche einfach häkeln) Klammer 1-mal je Farbe wiederholen	48
F1 + F2 + F3 + F4	6.	6 Maschen einfach häkeln, 1 Masche doppeln, 5 Maschen einfach häkeln; somit ergeben sich 13 Maschen pro Farbe	52
F1 + F2 + F3 + F4	7.	jede Masche einfach häkeln; pro Farbe sind das 13 Maschen	52
F1 + F2 + F3 + F4	8.	(1 Masche doppeln, 11 Maschen einfach häkeln, 1 Masche auslassen) Klammer 1-mal je Farbe wiederholen	52
		Aufgepasst! Ab Runde 8 werden die Maschen von Runde zu Runde versetzt. Dazu 1-mal die 1. Masche doppeln und die letzte Masche auslassen und in der Runde darauf wieder jede Masche einfach häkeln.	
F1 + F2 + F3 + F4	9.	jede Masche einfach häkeln	52
		Aufgepasst! Farbquadrate versetzen. F4 bleibt für weitere 13 Maschen Rundenfarbe. F4 über F1 häkeln.	
F4 + F1 + F2 + F3	10.–18.	8. + 9. Rd wiederholen	52
		Aufgepasst! Farbquadrate in Runde 18 versetzen. F3 ist für 13 weitere Maschen Rundenfarbe.	
F3 + F4 + F1 + F2	19.–21.	8. + 9. Rd wiederholen	52
F3 + F4 + F1 + F2	22.	Abschlussrunde/Rückrunde: Dabei wird jedes Quadrat in der eigenen Farbe mit festen Maschen gehäkelt.	52
		Ende für Größe M	

TOKASHI für Größe L

Farbe	Runde	Beschreibung	Anzahl Maschen in Runde
F 1 + F 2 + F 3 + F 4	1.–6.	siehe Größe M	12–52
F 1 + F 2 + F 3 + F 4	7.	(5 Maschen einfach häkeln, 1 Masche doppeln, 7 Maschen einfach häkeln) Klammer 1-mal je Farbe wiederholen	56
F 1 + F 2 + F 3 + F 4	8.	siehe Größe M, statt der 11 Maschen werden aber 12 Maschen einfach gehäkelt	56
		Aufgepasst! Siehe Größe M in Runde 8.	
F 1 + F 2 + F 3 + F 4	9.	jede Masche einfach häkeln	56
		Aufgepasst! Siehe Größe M in Runde 9 mit 14 Maschen in F 4.	
F 4 + F 1 + F 2 + F 3	10.–18.	8. + 9. Rd wiederholen	56
		Aufgepasst! Nun werden die Farbquadrate erneut versetzt. F 3 bleibt für 14 Maschen Rundenfarbe.	
F 3 + F 4 + F 1 + F 2	19.–21.	8. + 9. Rd wiederholen	56
F 3 + F 4 + F 1 + F 2	22.	Abschlussrunde/Rückrunde: Dabei wird jedes Quadrat in der eigenen Farbe mit festen Maschen gehäkelt.	56
		Ende für Größe L	

Fertigstellung

Alle Fäden nach ca. 15 cm abschneiden und gut vernähen.

Farbideen

F 1 151 Himmelblau, 30 g
F 2 135 Bordeaux, 30 g + Bommel, 20 g
F 3 127 Minze, 30 g
F 4 173 Karamell, 30 g

F 1 153 Ozeanblau, 30 g + Bommel, 20 g
F 2 193 Silber, 30 g
F 3 141 Rouge, 30 g
F 4 150 Wolke, 30 g

Hino

fertig in ca.
2,5h

Das Muster sieht Herzen gleich, deshalb muss man diese Boshi einfach lieben.

Die Boshi „Hino“ wird mit halben und einfachen Stäbchen sowie tiefgestochenen einfachen Stäbchen gehäkelt. Je nachdem wie die Maschenarten kombiniert werden, ergeben sich Maschenbündel oder Stäbchenbündel (siehe ab Seite 182).

Skills

Maschenprobe
10 x 10 cm =
12 halbe Stäbchen x 8 Reihen

Nadeln
myboshi Häkelnadel 6,0 mm,
Stick-/Vernähnadel

Kopfumfang
Größe M 52–56 cm
Größe L 57–60 cm

Material
myboshi Wolle No. 1
Farbe 1 175 Schlamm, 40 g
Farbe 2 154 Petrol, 50 g

www.selfmade-boshi.com/
4seasons/Hino

Anleitung »

Ein Stäbchenbündel besteht aus 1 einfachen Stäbchen, 1 Luftmasche und 1 einfachen Stäbchen und wird in 1 Einstichstelle gehäkelt. Ein Maschenbündel besteht aus 4 einfachen Stäbchen, die in 1 Einstichstelle gehäkelt werden. Bei diesem Modell wird 1 Maschenbündel um 1 Luftmasche der Vorrunde gehäkelt.

Anfangsring oben mit F1 (siehe Seite 184). Gilt für Größe M und Größe L. Die Runden werden geschlossen. **Aufgepasst!** Beginnt die Runde mit halben Stäbchen, häkelt man nach der Kettmasche 1 Luftmasche. Bei einfachen Stäbchen am Anfang einer Runde werden nach der Kettmasche 2 Luftmaschen gehäkelt. Der Rundenschluss erfolgt hier entweder in der 1. oder in der 2. Luftmasche.

HINO für Größe M

Farbe	Runde	Beschreibung	Anzahl Maschen in Runde
F1	1.	in den Ring vom **Anfang** 11 einfache Stäbchen arbeiten	11
F2	2.	in jeweils 1 Einstichstelle 1 Stäbchenbündel häkeln	11 Stäbchenbündel
F1	3.	um die Luftmasche zwischen den einfachen Stäbchen der Vorrunde nun pro Luftmasche 1 Maschenbündel (3 einfache Stäbchen) häkeln	11 Maschenbündel
		Aufgepasst! In der 3. Runde besteht 1 Maschenbündel nur aus 3 einfachen Stäbchen statt der 4.	
F2	4.	2 tiefgestochene einfache Stäbchen zwischen den Rundenschluss und das letzte Stäbchenbündel der 2. Rd häkeln, (in das 2. Stäbchen des Maschenbündels 2 halbe Stäbchen häkeln, zwischen die Stäbchenbündel der 2. Rd 2 tiefgestochene einfache Stäbchen häkeln) Klammer fortan wiederholen	22/22 tiefgestochene Stäbchen
		Aufgepasst! Beim Häkeln der tiefgestochenen Stäbchen beachten, dass sich beide nicht übereinanderlegen.	
F1	5.	zwischen die beiden tiefgestochenen Stäbchen jeweils 1 Maschenbündel häkeln	11 Maschenbündel
F2	6.	2 halbe Stäbchen zwischen 1 Maschenbündel häkeln, 2 tiefgestochene einfache Stäbchen zwischen die beiden halben Stäbchen der 4. Rd häkeln	22/22 tiefgestochene Stäbchen
F1 + F2	7.–14.	5. + 6. Rd noch 4-mal wiederholen	
F2	15.	6 halbe Stäbchen einfach häkeln, 1 halbes Stäbchen doppeln	50
F2	16.	Abschlussrunde/Rückrunde: feste Maschen häkeln (siehe Seite 192)	50
		Ende für Größe M	

HINO für Größe L

Größe L wird gleich in der 1. Runde mit 12 Stäbchen gearbeitet und besitzt somit 1 Stäbchenbündel und 1 Maschenbündel mehr als Größe M. Größe L ist 2 Runden länger.

Farbe	Runde	Beschreibung	Anzahl Maschen in Runde
F1	1.	siehe Größe M, nur mit 12 einfachen Stäbchen arbeiten	12
F2 + F1	2.– 3.	siehe Größe M, nur mit 1 Stäbchenbündel bzw. in der 3. Rd 1 Maschenbündel mehr	12 Stäbchenbündel/ 12 Maschenbündel
F2	4.	siehe Größe M, nur mit den Maschenangaben von Größe L	24/24 tiefgestochene Stäbchen
		Aufgepasst! Beim Häkeln der tiefgestochenen Stäbchen beachten, dass sich beide nicht übereinanderlegen.	
F1	5.	siehe Größe M, nur 1 Maschenbündel mehr	12 Maschenbündel
F2	6.	siehe Größe M, nur mit den Maschenangaben von Größe L	24/24 tiefgestochene Stäbchen
F1 + F2	7.–16.	5. + 6. Rd noch 5-mal wiederholen	
F2	17.	7 halbe Stäbchen einfach häkeln, 1 halbes Stäbchen doppeln	54
F2	18.	Abschlussrunde/Rückrunde: feste Maschen häkeln (siehe Seite 192)	54
		Ende für Größe L	

Fertigstellung

Alle Fäden nach ca. 15 cm abschneiden und gut vernähen.

Farbideen

F1 158 Meerblau, 40 g
F2 162 Magenta, 50 g

F1 321 Limettengrün, 60 g
F2 326 Jade, 75 g

myboshi

boshi

myboshi

Gumma

fertig in ca.
3h

Markante Stäbchen einmal anders.
Wer unsere „Iida“ mag, wird die „Gumma“ lieben. Diese Boshi wird mit halben Stäbchen und Reliefstäbchen gehäkelt. Die Abschlussrunde wird mit festen Maschen gemacht (siehe ab Seite 182).

Skills ●●○○○

Maschenprobe
10 x 10 cm =
12 halbe Stäbchen x 8 Reihen

Nadeln
myboshi Häkelnadel 6,0 mm,
Stick-/Vernähnadel

Kopfumfang
Größe M 52–56 cm
Größe L 57–60 cm

Material
myboshi Wolle No. 1
Farbe 1 151 Himmelblau, 45 g
Farbe 2 131 Orange, 45 g

www.selfmade-boshi.com/
4seasons/Gumma

Anleitung »

Anfangsring oben mit F1 (siehe Seite 184). Gilt für Größe M und Größe L. Runden werden geschlossen (siehe Seite 191). **Aufgepasst!** Wenn die Runden mit halben Stäbchen beginnen, wird 1 Luftmasche gehäkelt, und wenn die Runden mit Reliefstäbchen beginnen, werden 2 Luftmaschen benötigt. Fortan wird nun mit halben Stäbchen gearbeitet, die hier als „Maschen" bezeichnet werden.

GUMMA für Größe M

Farbe	Runde	Beschreibung	Anzahl Maschen in Runde
F1	1.	in den Ring vom Anfang 10 Maschen häkeln	10
F1	2.	jede Masche doppeln, also 2 Maschen in 1 Einstichstelle arbeiten	20
F1	3.	2 Maschen einfach häkeln, 1 Masche doppeln	26
F1	4.	3 Maschen einfach häkeln, 1 Masche doppeln	32
F2	5.	4 Maschen einfach häkeln, 1 Masche doppeln	38
F1	6.	2 Maschen einfach häkeln, 1 Masche doppeln	50
F2	7.	abwechselnd 1 Masche einfach und 1 Reliefstäbchen häkeln	50
		Aufgepasst! Die Maschenschlingen nach dem Reliefstäbchen werden ausgelassen, da sie zum umhäkelten Maschenkörper gehören.	
F2	8.	1 Reliefstäbchen um das Reliefstäbchen der Vorrunde häkeln, 1 Masche einfach in das Reliefstäbchen der Vorrunde häkeln, die Masche vor dem Reliefstäbchen wird ausgelassen	50
F1	9.	1 Masche einfach in die 2. Luftmasche häkeln, 1 Reliefstäbchen um die Masche der Vorrunde, 1 Masche einfach in das Reliefstäbchen der Vorrunde häkeln	50
F1	10.	1 Reliefstäbchen um das Reliefstäbchen der Vorrunde häkeln, 1 Masche einfach in das Reliefstäbchen der Vorrunde häkeln, die Masche vor dem Reliefstäbchen wird ausgelassen	50
F2	11. + 12.	9. + 10. Rd wiederholen	50
F1	13. + 14.	9. + 10. Rd wiederholen	50
F2	15. + 16.	jede Masche einfach häkeln	50
F2	17.	Abschlussrunde/Rückrunde: feste Maschen häkeln (siehe Seite 192)	50
		Ende für Größe M	

GUMMA für Größe L

Farbe	Runde	Beschreibung	Anzahl Maschen in Runde
F 1	1.–4.	siehe Größe M	10–32
F 1	5.	3 Maschen einfach häkeln, 1 Masche doppeln	40
F 2	6.	1 Masche doppeln, 1 Masche einfach häkeln, 1 Masche doppeln, (2 Maschen einfach häkeln, 1 Masche doppeln) Klammer noch 11-mal wiederholen, 1 Masche einfach häkeln	54
F 1	7.	jede Masche einfach häkeln	54
F 1 + F 2	8.–17.	wie 7.–16. Rd bei Größe M häkeln	54
F 2	18.	Abschlussrunde/Rückrunde: feste Maschen häkeln (siehe Seite 192)	54
		Ende für Größe L	

Fertigstellung

Alle Fäden nach ca. 15 cm abschneiden und gut vernähen.

Farbideen

F 1 112 Senf, 45 g
F 2 192 Elfenbein, 45 g

F 1 355 Marine, 70 g
F 2 393 Silber, 70 g

Anjo

Gestreift und doch anders – das ist unsere „Anjo“.

Die Boshi „Anjo“ wird mit einfachen Stäbchen, Reliefstäbchen und festen Maschen gehäkelt. In den Reihen wechseln sich immer Stäbchen und Reliefstäbchen ab, gefolgt von einer Reihe mit festen Maschen. Am Ende wird die Boshi noch mit Kettmaschen zusammengehäkelt (siehe ab Seite 182).

Skills

Maschenprobe
10 × 10 cm =
12 einfache Stäbchen x 5 Reihen

Nadeln
myboshi Häkelnadel 6,0 mm,
Stick-/Vernähnadel

Kopfumfang

Größe M	52–56 cm
Größe L	57–60 cm

Material
myboshi Wolle No. 3

Farbe 1	374 Kakao, 150 g, Größe L: 200 g
Farbe 2	339 Himbeere, 75 g, Größe L: 90 g

www.selfmade-boshi.com/
4seasons/Anjo

Anleitung ››

Der Faden am Anfang sollte mindestens 20 cm lang sein, damit die Boshi am Ende oben zusammengenäht werden kann. **Aufgepasst!** Die Wendeluftmasche am Ende jeder Reihe nicht vergessen! Bei Kettmaschen und festen Maschen benötigt man am Anfang einer Reihe jeweils 1 Wendeluftmasche, bei einfachen Stäbchen oder Reliefstäbchen jeweils 2 Wendeluftmaschen. Bei einem Farbwechsel werden die Wendeluftmaschen bereits mit der neuen Farbe gehäkelt.

ANJO für Größe M

Anfang: 28 Luftmaschen und 2 Wendeluftmaschen mit F1 anschlagen.

Farbe	Reihe	Beschreibung	Anzahl Maschen in Reihe
F1	1.	24 einfache Stäbchen häkeln, 4 Kettmaschen häkeln	28
		Aufgepasst! Die Kettmaschen treffen immer aufeinander und werden später zum Zusammennähen der Boshi am oberen Rand benötigt.	
F1	2.	4 Kettmaschen häkeln, 1 einfaches Stäbchen und 1 Reliefstäbchen abwechselnd häkeln	28
F1	3.	24 feste Maschen einfach häkeln, 4 Kettmaschen häkeln	28
		Aufgepasst! Die folgende Wendeluftmasche wird bereits mit F2 gehäkelt.	
F2	4.	4 Kettmaschen häkeln, nun abwechselnd Reliefstäbchen um die einfachen Stäbchen von R 2 und einfache Stäbchen in die festen Maschen von R 3 häkeln	28
F2	5.	jede feste Masche einfach häkeln, 4 Kettmaschen häkeln	28
F1	6.	4 Kettmaschen häkeln, im Wechsel 1 einfaches Stäbchen und 1 Reliefstäbchen um die Stäbchen von R 4 häkeln	28
F1	7.	jede feste Masche einfach häkeln, 4 Kettmaschen häkeln	28
F1	8.–11.	6. + 7. R 2-mal wiederholen	28
F2 + F1	12.–43.	R 4–11 noch 4-mal wiederholen	28
F2 + F1	44.–48.	R 4–8 noch 1-mal wiederholen	28
		Ende für Größe M	

ANJO für Größe L

Anfang: 32 Luftmaschen und 2 Wendeluftmaschen mit F1 anschlagen.

Farbe	Reihe	Beschreibung	Anzahl Maschen in Reihe
F1	1.	siehe Größe M, nur mit 28 einfachen Stäbchen und 4 Kettmaschen häkeln	32
		Aufgepasst! Die Kettmaschen treffen immer aufeinander und werden später zum Zusammennähen der Boshi am oberen Rand benötigt.	
F1	2.	siehe Größe M, jedoch gehäkelt mit den Maschenangaben von Größe L	32
F1	3.	wie Größe M, jedoch mit 28 festen Maschen und 4 Kettmaschen häkeln	32
		Aufgepasst! Die folgende Wendeluftmasche wird bereits mit F2 gehäkelt.	
F1 + F2	4.–43.	siehe Größe M, jedoch gehäkelt mit den Maschenangaben von Größe L	32
F2 + F1	44.–50.	R 4–10 noch 1-mal wiederholen	32

Fertigstellung

Faden nach ca. 15 cm abschneiden. Zuerst die Enden aneinanderlegen und dann mit Kettmaschen zusammenhäkeln.

Aufgepasst! Damit beim Zusammennähen die Kettmaschen die gleiche Richtung haben wie die Schlingen in den Rippen, das schmale Ende rechts hinlegen und das breite Ende links. Beim Aufeinanderlegen der Kanten liegt die Außenseite innen. Nun von rechts nach links die Kettmaschen häkeln. Den 20 cm langen Faden mit der Stick-/Vernähnadel am schmalen Ende durch die Randmaschen fädeln, zusammenziehen und vernähen. Alle Fäden gut vernähen.

Farbideen

F1 174 Kakao, 100 g, Größe L: 130 g
F2 152 Türkis, 50 g, Größe L: 60 g

F1 129 Jagdgrün, 100 g, Größe L: 130 g
F2 121 Limettengrün, 50 g, Größe L: 60 g

fertig in ca.
2,5h

Mishima

Ein Mix aus zwei verschiedenen Wollqualitäten.
„Mishima“, die Boshi, die mit dir durch dick und dünn geht. Sie wird mit halben Stäbchen gehäkelt. Die Mitte der Boshi wird durch die 2-fädig gehäkelten Runden zum Highlight (siehe ab Seite 182).

Skills

Maschenprobe
10 x 10 cm =
12 halbe Stäbchen x 8 Reihen

Nadeln
myboshi Häkelnadel 6,0 mm,
Stick-/Vernähnadel

Kopfumfang
Größe M 52–56 cm
Größe L 57–60 cm

Material
myboshi Wolle No. 1 und No. 4
Farbe 1 158 Meerblau, 40 g
Farbe 2 416 Butterblume, 30 g
Farbe 3 155 Marine, 50 g

www.selfmade-boshi.com/
4seasons/Mishima

Anleitung ››

Anfangsring oben mit F 1 (siehe Seite 184). Gilt für Größe M und Größe L. Die Runden werden geschlossen (siehe Seite 191). Fortan wird nun mit halben Stäbchen gearbeitet, die hier als „Maschen" bezeichnet werden.

MISHIMA für Größe M

Farbe	Runde	Beschreibung	Anzahl Maschen in Runde
F 1	1.	in den Ring vom **Anfang** 11 Maschen arbeiten	11
F 1	2.	jede Masche doppeln, also 2 Maschen in 1 Einstichstelle arbeiten	22
F 1	3.	2 Maschen einfach häkeln, 1 Masche doppeln	29
F 1	4.	3 Maschen einfach häkeln, 1 Masche doppeln	36
F 1	5.	4 Maschen einfach häkeln, 1 Masche doppeln	43
F 1	6.	5 Maschen einfach häkeln, 1 Masche doppeln	50
		Aufgepasst! Ab der 7. Runde wird der Faden von F 2 dazugenommen. Die weiteren Runden bis Runde 10 werden nun 2-fädig gehäkelt.	
F 1 + F 2	7. + 8.	jede Masche einfach häkeln	50
F 3 + F 2	9. + 10.	jede Masche einfach häkeln	50
F 3	11.–16.	jede Masche einfach häkeln	50
F 3	17.	Abschlussrunde/Rückrunde: feste Maschen häkeln (siehe Seite 192)	50
		Ende für Größe M	

MISHIMA für Größe L

Größe L ist 4 Maschen breiter und 1 Runde länger als Größe M.

Farbe	Runde	Beschreibung	Anzahl Maschen in Runde
F 1	1.–6.	siehe Größe M	11–50
F 1	7.	11 Maschen einfach häkeln, 1 Masche doppeln	54
		Aufgepasst! Da die Größe L 1 Runde länger ist, verschiebt sich die farbige Mitte um 1 Runde. Ab der 8. Runde wird der Faden von F 2 dazugenommen. Die weiteren Runden bis Runde 11 werden nun 2-fädig gehäkelt.	
F 1 + F 2	8. + 9.	jede Masche einfach häkeln	54
F 3 + F 2	10. + 11.	jede Masche einfach häkeln	54
F 3	12.–17.	jede Masche einfach häkeln	54
F 3	18.	Abschlussrunde/Rückrunde: feste Maschen häkeln (siehe Seite 192)	54
		Ende für Größe L	

Fertigstellung

Alle Fäden nach ca. 15 cm abschneiden und gut vernähen.

Farbideen

F1 156 Eisblau, 40 g
F2 462 Magenta, 30 g
F3 118 Cayenne, 50 g

F1 158 Meerblau, 40 g
F2 416 Butterblume, 30 g
F3 155 Marine, 50 g

F1 394 Titangrau, 60 g
F2 431 Orange, 30 g
F3 396 Schwarz, 75 g

fertig in ca.
3,5h

Shiga

Wegen des Musters wird die „Shiga“ oft bewundert.
Die Boshi „Shiga“ wird mit halben Stäbchen und tiefgestochenen halben Stäbchen gehäkelt, wodurch sich das aufregende Muster bildet (siehe ab Seite 182).

Skills

Maschenprobe
10 x 10 cm =
12 halbe Stäbchen x 8 Reihen

Nadeln
myboshi Häkelnadel 6,0 mm,
Stick-/Vernähnadel

Kopfumfang
Größe M 52–56 cm
Größe L 57–60 cm

Material
myboshi Wolle No. 1
Farbe 1 159 Saphir, 45 g
Farbe 2 174 Kakao, 25 g
Farbe 3 156 Eisblau, 30 g

www.selfmade-boshi.com/4seasons/Shiga

Anleitung ››

myboshi

Anfangsring oben mit F1 (siehe Seite 184). Gilt für Größe M und Größe L. Die Runden werden geschlossen (siehe Seite 191). Fortan wird nun mit halben Stäbchen gearbeitet, die hier als „Maschen" bezeichnet werden.

SHIGA für Größe M

Farbe	Runde	Beschreibung	Anzahl Maschen in Runde
F1	1.	in den Ring vom **Anfang** 11 Maschen arbeiten	11
F1	2.	jede Masche doppeln, also 2 Maschen in 1 Einstichstelle arbeiten	22
F1	3.	2 Maschen einfach häkeln, 1 Masche doppeln	29
F1	4.	3 Maschen einfach häkeln, 1 Masche doppeln	36
F1	5.	4 Maschen einfach häkeln, 1 Masche doppeln	43
F1	6.	1 Masche doppeln, 42 Maschen einfach häkeln	44
F2	7.	(1 Masche einfach häkeln, 1 tiefgestochene Masche in die 6. Rd häkeln) Klammer fortan wiederholen	44
F2	8.	jede Masche einfach häkeln	44
F3	9.	jede Masche einfach häkeln	44
F3	10.	(1 Masche einfach häkeln, 1 tiefgestochene Masche in die 8. Rd häkeln) Klammer fortan wiederholen	44
F3	11.	(5 Maschen einfach häkeln, 1 Masche doppeln) Klammer noch 5-mal wiederholen, 8 Maschen einfach häkeln	50
F3	12. + 13.	jede Masche einfach häkeln	50
F1	14.	(1 Masche einfach häkeln, 1 tiefgestochene Masche in die 12. Rd häkeln) Klammer fortan wiederholen	50
F1	15. + 16.	jede Masche einfach häkeln	50
F2	17.	(1 Masche einfach häkeln, 1 tiefgestochene Masche in die 16. Rd häkeln) Klammer fortan wiederholen	50
F2	18.	jede Masche einfach häkeln	50
F2	19.	Abschlussrunde/Rückrunde: feste Maschen häkeln (siehe Seite 192)	50
		Ende für Größe M	

SHIGA für Größe L

Größe L ist 4 Maschen breiter und 1 Runde länger als Größe M.

Farbe	Runde	Beschreibung	Anzahl Maschen in Runde
F 1	1.–5.	siehe Größe M	11–43
F 1	6.	13 Maschen einfach häkeln, 1 Masche doppeln	46
F 2 + F 3	7.–10.	siehe Größe M, nur 2 Maschen in der Rd mehr	46
F 3	11.	(5 Maschen einfach häkeln, 1 Masche doppeln) Klammer noch 6-mal wiederholen, 3 Maschen einfach häkeln und die letzte Masche doppeln	54
F 3 + F 1 + F 2	12.–18.	siehe Größe M, nur 4 Maschen in der Rd mehr	54
F 2	19.	jede Masche einfach häkeln	54
F 2	20.	Abschlussrunde/Rückrunde: feste Maschen häkeln (siehe Seite 192)	54
		Ende für Größe L	

Fertigstellung

Alle Fäden nach ca. 15 cm abschneiden und gut vernähen.

Farbideen

F 1 362 Magenta, 70 g
F 2 393 Silber, 40 g
F 3 321 Limettengrün, 45 g

F 1 131 Orange, 45 g
F 2 157 Blaubeere, 25 g
F 3 150 Wolke, 30 g

myboshi
myboshi

Isehara

Boshi und Schal

Boshi fertig in ca. **2,5h**

Schal fertig in ca. **3,5h**

Knuffig, bunt, gestreift.
Die Boshi „Isehara" wird mit 3 Farben und mit halben Stäbchen gehäkelt. Das kleine Gesicht an der Seite macht die Mütze zu etwas ganz Besonderem. Der Schal hingegen wird in Hin- und Rückreihen mit einfachen Stäbchen gehäkelt. Auf einem Schalende findet man ebenfalls ein Gesicht (siehe ab Seite 182).

Skills

Maschenprobe
10 x 10 cm =
12 einfache Stäbchen x 5 Reihen

Nadeln
myboshi Häkelnadel 4,5 mm
und 6,0 mm, Stick-/Vernähnadel

Kopfumfang

Größe S	47–51 cm
Größe M	52–56 cm

Größe Schal

Länge	ca. 130 cm
Breite	ca. 14 cm

Material
myboshi Wolle No. 3 und No. 4,
Wollreste für die Augen

Farbe 1	331 Orange, 75 g
Farbe 2	352 Türkis, 105 g
Farbe 3	321 Limettengrün, 70 g
Farbe 4	353 Ozeanblau, 250 g
Farbe 5	421 Limettengrün, 15 g

www.selfmade-boshi.com/
4seasons/Isehara

Anleitung »

Anfangsring oben mit F 1 (siehe Seite 184), gilt für Größe S, Größe M und die Augen. Runden werden geschlossen (siehe Seite 191). Fortan wird nun mit halben Stäbchen gearbeitet, die hier als „Maschen" bezeichnet werden.

BOSHI für Größe S

Farbe	Runde	Beschreibung	Anzahl Maschen in Runde
F 1	1.	in den Ring vom **Anfang** 11 Maschen arbeiten	11
F 2	2.	jede Masche doppeln, also 2 Maschen in 1 Einstichstelle arbeiten	22
F 3	3.	2 Maschen einfach häkeln, 1 Masche doppeln	29
F 1	4.	3 Maschen einfach häkeln, 1 Masche doppeln	36
F 2	5.	die 1. Masche doppeln; dann immer 3 Maschen einfach häkeln, 1 Masche doppeln und die letzte Masche in der Rd doppeln	46
F 3	6.	jede Masche einfach häkeln	46
F 1	7.	jede Masche einfach häkeln	46
F 2	8.	jede Masche einfach häkeln	46
F 3	9.	jede Masche einfach häkeln	46
F 1 + F 2 + F 3	10.–15.	7.–9. Rd noch 2-mal wiederholen	46
F 1	16.	Abschlussrunde/Rückrunde: feste Maschen häkeln (siehe Seite 192)	46
		Ende für Größe S	

BOSHI für Größe M

Farbe	Runde	Beschreibung	Anzahl Maschen in Runde
F 1 + F 2 + F 3	1.–4.	siehe Größe S	11–36
F 2	5.	4 Maschen einfach häkeln, 1 Masche doppeln	43
F 3	6.	5 Maschen einfach häkeln, 1 Masche doppeln	50
F 1 + F 2 + F 3	7.–15.	siehe Größe S	50
F 1	16.	jede Masche einfach häkeln	50
F 1	17.	Abschlussrunde/Rückrunde: feste Maschen häkeln (siehe Seite 192)	50
		Ende für Größe M	

Fertigstellung

Siehe Schal.

SCHAL

Anfang unten: mit F 4 und der 6,0-mm-Häkelnadel 14 Luftmaschen und 2 Wendeluftmaschen anschlagen. **Aufgepasst!** Die Wendeluftmaschen am Ende jeder Reihe nicht vergessen! Fortan wird nun mit einfachen Stäbchen gearbeitet, die hier als „Maschen" bezeichnet werden.

Farbe	Reihe	Beschreibung	Anzahl Maschen in Reihe
F 4	1.–80.	jede Masche einfach häkeln	14

Gesicht

Anfang in der Mitte: mit F 5 und der 4,5-mm-Häkelnadel 10 Luftmaschen und 1 Wendeluftmasche anschlagen. Die Runden werden geschlossen (siehe Seite 191). Fortan wird nun mit halben Stäbchen gearbeitet, die hier als „Maschen" bezeichnet werden.

Farbe	Runde	Beschreibung	Anzahl Maschen in Runde
F 5	1.	10 feste Maschen in die hintere Luftmaschenschlinge häkeln, das Gehäkelte um 180° im Uhrzeigersinn drehen und in die vorderen Luftmaschenschlingen erneut 10 feste Maschen häkeln	20
F 5	2.	1 Masche doppeln, also 2 Maschen in 1 Einstichstelle der Vorrunde arbeiten, 1 Masche einfach häkeln	30
F 5	3.	1 Masche doppeln, 1 Masche einfach häkeln	45
F 5	4.	2 Maschen einfach häkeln, 1 Masche doppeln, (2 einfache Stäbchen häkeln, 1 einfaches Stäbchen doppeln) Klammer noch 5-mal wiederholen, (2 Maschen einfach häkeln, 1 Masche doppeln) Klammer noch 1-mal wiederholen, (2 einfache Stäbchen häkeln, 1 einfaches Stäbchen doppeln) Klammer noch 4-mal wiederholen, 2 Maschen einfach häkeln, 1 Masche doppeln	60

Aufgepasst! Halbe Stäbchen und einfache Stäbchen wechseln sich ab, damit eine ovale Gesichtsform entsteht.

Ende des Gesichts: 1 Kettmasche in die nächste Einstichstelle häkeln, Faden nach ca. 1 m abschneiden und durch die Kettmasche ziehen. Der Faden wird noch benötigt, um das Gesicht am Schal anzunähen.

Augen

Anfang: Mit der gewünschten Farbe 4 Luftmaschen anschlagen und zu einem Ring schließen. Dabei in die 1. Luftmasche einstechen und mit 1 Kettmasche zu einem kleinen Ring schließen. Anschließend 1 Luftmasche häkeln.

Farbe	Runde	Beschreibung	Anzahl Maschen in Runde
Wollreste in Weiß	1.	in den Ring vom **Anfang** 1 feste Masche, 1 halbes Stäbchen, 2 Stäbchen, 1 doppeltes Stäbchen, 2 Stäbchen, 1 halbes Stäbchen, 1 feste Masche häkeln	9

Ende der Augen: Auf die Kettmasche noch 1 Luftmasche setzen und den Faden nach ca. 15 cm abschneiden. Beide Fäden gut vernähen und den Vorgang für ein 2. Auge und für 2 Augen, die auf die Mütze genäht werden, wiederholen.

Pupillen

Nach ca. 20 cm den Anfangsknoten bilden und 1 Büschelmasche mit 2 oben zusammengehäkelten einfachen Stäbchen häkeln.

Bommel für den Schal und die Mütze

Nase

Für die Nase am Schal und an der Mütze wird je eine Bommel (siehe Seite 191) mit 3,5 cm Durchmesser in F 2 benötigt.

Schal

Für den Schal werden als Abschluss auf jeder Seite 3 Bommeln (siehe Seite 191) benötigt. Dazu von F 1, F 2 und F 3 jeweils 2 Bommeln mit einem Durchmesser von 4,5 cm anfertigen.

Fertigstellung Schal und Boshi

Alle Fäden gut vernähen. Nun mit dem Anfangsfaden der Pupille die selbige am Auge festnähen. Das Gleiche mit der 2. Pupille wiederholen, Augen und Nase an der gewünschten Stelle auf dem Gesicht anbringen. Der Mund wird mit Wollresten von F 1 aufgestickt. Danach wird das Gesicht an einem Ende des Schals angenäht. Zum Schluss werden noch die Bommeln an den Enden des Schals befestigt bzw. angeknotet. Die Augen der Mütze nach dem gleichen Prinzip an die Boshi nähen und die Bommel an der richtigen Stelle platzieren.

Tipp: Es können auch noch Fäden als Haare an das Gesicht geknotet oder geknüpft werden.

Farbideen

F 1 150 Wolke, 50 g
F 2 137 Aprikose, 70 g
F 3 141 Rouge, 45 g
F 4 163 Violett, 165 g
F 5 436 Puder, 15 g

F 1 159 Saphir, 50 g
F 2 184 Neongrün, 70 g
F 3 185 Neongelb, 45 g
F 4 193 Silber, 165 g
F 5 491 Weiß, 15 g

Boshi fertig in ca. 2,5h

Schal fertig in ca. 4,5h

Kariya

Boshi und Schal

Boshi und Schal mit dem extravaganten Wellenmuster.

Die Boshi „Kariya“ und der passende Schal bestechen durch ihr Wellenmuster, das mit einfachen Stäbchen und festen Maschen gehäkelt wird. Die Boshi wird wie jede Mütze in Runden gehäkelt – anfangs mit halben Stäbchen und abschließend mit dem Wellenmuster. Der Schal hingegen wird im Mittelteil mit einfachen Stäbchen und an beiden Enden mit dem Wellenmuster gearbeitet. Er wird in Hin- und Rückreihen gehäkelt (siehe ab Seite 182).

Skills

Maschenprobe
10 x 10 cm =
12 einfache Stäbchen x 5 Reihen

Nadeln
myboshi Häkelnadel 6,0 mm,
Stick-/Vernähnadel

Kopfumfang
Größe M 52–56 cm
Größe L 57–60 cm

Größe Schal
Länge ca. 175 cm
Breite ca. 23 cm

Material
myboshi Wolle No. 3
Farbe 1 325 Olive, 150 g
Farbe 2 334 Chilirot, 155 g
Farbe 3 365 Pflaume, 355 g

www.selfmade-boshi.com/4seasons/Kariya

Anleitung ››

myboshi

Anfangsring oben mit F3 (siehe Seite 184). Gilt für Größe M und Größe L. Runden werden geschlossen (siehe Seite 191).

BOSHI für Größe M

Farbe	Runde	Beschreibung	Anzahl Maschen in Runde
F3	1.	in den Ring vom **Anfang** 11 halbe Stäbchen arbeiten	11
		Aufgepasst! Beginnt die Runde mit halben Stäbchen oder festen Maschen, häkelt man nach der Kettmasche 1 Luftmasche. Bei einfachen Stäbchen am Anfang einer Runde werden nach der Kettmasche 2 Luftmaschen gehäkelt.	
F3	2.	jedes halbe Stäbchen doppeln, also 2 Maschen in 1 Einstichstelle arbeiten	22
F3	3.	2 halbe Stäbchen einfach häkeln, 1 halbes Stäbchen doppeln	29
F3	4.	3 halbe Stäbchen einfach häkeln, 1 halbes Stäbchen doppeln	36
F3	5.	4 halbe Stäbchen einfach häkeln, 1 halbes Stäbchen doppeln	43
F3	6.	5 halbe Stäbchen einfach häkeln, 1 halbes Stäbchen doppeln	50
F3	7.–9.	jedes halbe Stäbchen einfach häkeln	50
F2	10.	2 feste Maschen häkeln, (2 einfache Stäbchen und 3 feste Maschen einfach häkeln) Klammer fortan wiederholen; Rd endet mit 1 festen Masche	50
F2	11.	1 feste Masche häkeln, (2 einfache Stäbchen und 3 feste Maschen einfach häkeln) Klammer fortan wiederholen; Rd endet mit 2 festen Maschen	50
		Aufgepasst! Die festen Maschen und die einfachen Stäbchen liegen immer genau übereinander, damit das Muster entsteht.	
F1	12.	2 feste Maschen häkeln, (3 einfache Stäbchen und 2 feste Maschen einfach häkeln) Klammer fortan wiederholen; Rd endet mit 3 einfachen Stäbchen	50
F1	13.	1 feste Masche häkeln, (3 einfache Stäbchen und 2 feste Maschen einfach häkeln) Klammer fortan wiederholen; Rd endet mit 1 festen Masche	50
F2	14.	(3 feste Maschen und 2 einfache Stäbchen häkeln) Klammer fortan wiederholen; Rd endet mit 2 einfachen Stäbchen	50
F2	15.	2 feste Maschen häkeln, (2 einfache Stäbchen und 3 feste Maschen häkeln) Klammer fortan wiederholen; Rd endet mit 1 festen Masche	50
		Aufgepasst! Die nun folgende Runde dient zur Begradigung des Randes der Boshi, deshalb werden in dieser Runde auf die einfachen Stäbchen feste Maschen gehäkelt und auf die festen Maschen einfache Stäbchen.	
F3	16.	1 einfaches Stäbchen häkeln, (2 feste Maschen und 3 einfache Stäbchen häkeln) Klammer fortan wiederholen; Rd endet mit 2 einfachen Stäbchen	50
F1	17.	Abschlussrunde/Rückrunde: feste Maschen häkeln (siehe Seite 192)	50
		Ende für Größe M	

BOSHI für Größe L

Größe L ist 5 Maschen breiter und 1 Runde länger als Größe M.

Farbe	Runde	Beschreibung	Anzahl Maschen in Runde
F3	1.–6.	siehe Größe M	11–50
F3	7.	11 halbe Stäbchen einfach häkeln und 1 halbes Stäbchen doppeln, die letzte Masche doppeln	55
F3	8.–10.	jedes halbe Stäbchen einfach häkeln	55
F2	11.	2 feste Maschen häkeln, (2 einfache Stäbchen und 3 feste Maschen einfach häkeln) Klammer fortan wiederholen; Rd endet mit 1 festen Masche	55
F2	12.	1 feste Masche häkeln, (2 einfache Stäbchen und 3 feste Maschen einfach häkeln) Klammer fortan wiederholen; Rd endet mit 2 festen Maschen	55
		Aufgepasst! Die festen Maschen und die einfachen Stäbchen liegen immer genau übereinander, damit das Muster entsteht.	
F1	13.	2 feste Maschen häkeln, (3 einfache Stäbchen und 2 feste Maschen einfach häkeln) Klammer fortan wiederholen; Rd endet mit 3 einfachen Stäbchen	55
F1	14.	1 feste Masche häkeln, (3 einfache Stäbchen und 2 feste Maschen einfach häkeln) Klammer fortan wiederholen; Rd endet mit 1 festen Masche	55
F2	15.	(3 feste Maschen und 2 einfache Stäbchen häkeln) Klammer fortan wiederholen; Rd endet mit 2 einfachen Stäbchen	55
F2	16.	2 feste Maschen häkeln, (2 einfache Stäbchen und 3 feste Maschen häkeln) Klammer fortan wiederholen; Rd endet mit 1 festen Masche	55
		Aufgepasst! Die nun folgende Runde dient zur Begradigung des Randes der Boshi, deshalb werden in dieser Runde auf die einfachen Stäbchen feste Maschen gehäkelt und auf die festen Maschen einfache Stäbchen.	
F3	17.	1 einfaches Stäbchen häkeln, (2 feste Maschen und 3 einfache Stäbchen häkeln) Klammer fortan wiederholen; Rd endet mit 2 einfachen Stäbchen	55
F1	18.	Abschlussrunde/Rückrunde: feste Maschen häkeln (siehe Seite 192)	55
		Ende für Größe L	

Fertigstellung

Alle Fäden nach ca. 15 cm abschneiden und gut vernähen.

SCHAL

Anfang: 25 Luftmaschen und 2 Wendeluftmaschen mit F 1 anschlagen. Die 1. Reihe beginnt nun in der 3. Einstichstelle nach der Nadel. Die ersten beiden Einstichstellen nach der Nadel als Wendeluftmaschen auslassen. **Aufgepasst!** Beginnt die Reihe mit festen Maschen, häkelt man 1 Wendeluftmasche, und bei den einfachen Stäbchen 2 Wendeluftmaschen. **Aufgepasst!** Nach jeder Reihe die Wendeluftmasche nicht vergessen! Bei einem Farbwechsel werden die Wendeluftmaschen bereits in der neuen Farbe gehäkelt.

Farbe	Reihe	Beschreibung	Anzahl Maschen in Reihe
F 1	1.	(3 einfache Stäbchen und 2 feste Maschen einfach häkeln) Klammer noch 4-mal wiederholen	15 einfache Stäbchen/ 10 feste Maschen
F 1	2.	R 1 noch 1-mal wiederholen	
		Aufgepasst! Ab sofort werden die gleichen Maschenarten immer genau übereinandergehäkelt. Dazu feste Maschen über feste Maschen und einfache Stäbchen über einfache Stäbchen häkeln.	
F 2	3.	(3 feste Maschen und 2 einfache Stäbchen häkeln) Klammer noch 4-mal wiederholen	10 einfache Stäbchen/ 15 feste Maschen
F 2	4.	R 3 noch 1-mal wiederholen	
F 1 + F 2	5.–28.	R 1–4 noch 6-mal wiederholen	
F 3	29.	zur Begradigung des Musters werden nun 3 einfache Stäbchen auf die festen Maschen und 2 feste Maschen auf die einfachen Stäbchen gehäkelt	15 einfache Stäbchen/ 10 feste Maschen
F 3	30.–93.	einfache Stäbchen häkeln	25
F 3	94.	(3 einfache Stäbchen und 2 feste Maschen einfach häkeln) Klammer noch 4-mal wiederholen	15 einfache Stäbchen/ 10 feste Maschen
F 2 + F 1	95.–122.	R 1–28 in umgekehrter Reihenfolge noch 1-mal häkeln, begonnen wird dabei mit F 2	

Ende vom Schal: Auf das letzte einfache Stäbchen noch 1 Luftmasche häkeln, Faden nach ca. 15 cm abschneiden und durch diese Luftmasche ziehen.

Fertigstellung

Alle Fäden nach ca. 15 cm abschneiden und gut vernähen.

Farbideen

F 1 121 Limettengrün, 100 g
F 2 115 Avocado, 100 g
F 3 193 Silber, 235 g

F 1 155 Marine, 100 g
F 2 152 Türkis, 100 g
F 3 195 Anthrazit, 235 g

myboshi

New Haven

Boshi und Schal

Boshi fertig in ca. **3h**

Schal fertig in ca. **7h**

Boshi-Schal-Kombination.
Ein wunderbarer Schal mit Perlmuster und die passende Mütze dazu, die glatt rechts gestrickt wird. Der Bund der Mütze hat ein 1/1-Rippenmuster. Der Schal wird hingegen in Hin- und Rückreihen gestrickt (siehe ab Seite 182).

Skills

Maschenprobe
10 x 10 cm =
12 Maschen x 16 Reihen (glatt rechts und Perlmuster)

Nadeln
für die Boshi: Nadelspiel 6,5 mm, Stick-/Vernähnadel
für den Schal: 6,0 mm, Rundstricknadel (80 cm)

Kopfumfang
Größe M 52–56 cm
Größe L 57–60 cm

Größe Schal
Länge ca. 150 cm
Breite ca. 28 cm

Material
myboshi Wolle No. 1, für Boshi und Schal
Farbe 1 126 Jade, 100 g
Farbe 2 127 Minze, 100 g
Farbe 3 121 Limettengrün, 100 g
Farbe 4 162 Magenta 100 g
Farbe 5 138 Magnolie, 100 g

www.selfmade-boshi.com/4seasons/Newhaven

Anleitung »

Glatt rechts: Dabei werden in den Hinreihen immer rechte Maschen gestrickt und in den Rückreihen immer linke Maschen. Wenn man dann die rechte Seite (Vorderseite) des Gestrickten betrachtet, sieht man nur rechte Maschen. Auf der Rückseite sind linke Maschen sichtbar.

Anfang mit F 1. 1,5 m vom Knäuel abwickeln und dort die Anfangsmasche bilden. 56 + 1 Masche anschlagen. Auf der 1. Nadel des Nadelspiels werden 15 Maschen angeschlagen, auf die anderen 3 Nadeln kommen je 14 Maschen; die 1. Masche der 1. Nadel auf die letzte Nadel zur 14. Masche heben und mit dieser rechts zusammenstricken. Der Kreis ist jetzt geschlossen. Mit der 5. Nadel wird gestrickt. Beim Stricken vor den Abnahmerunden liegen immer 14 Maschen auf einer Nadel. **Aufgepasst!** Bei den Übergängen von Nadel zu Nadel darauf achten, dass der Arbeitsfaden immer gut angezogen wird. Sonst entstehen Löcher in der Mütze.

BOSHI für Größe M

Farbe	Runde	Beschreibung	Anzahl Maschen in Runde
F 1	1.–10.	Bund: 1/1-Rippenmuster stricken (siehe Seite 196)	56
F 2	11.–18.	glatt rechts stricken	56
F 3	19.–23.	glatt rechts stricken	56
F 3	24.	jede 13. + 14. Masche rechts zusammenstricken (siehe Seite 196; Maschen abnehmen)	52
F 3	25.	glatt rechts stricken	52
F 3	26.	jede 12. + 13. Masche rechts zusammenstricken	48
F 4	27.	glatt rechts stricken	48
F 4	28.	jede 11. + 12. Masche rechts zusammenstricken	44
F 4	29.	glatt rechts stricken	44
F 4	30.	jede 10. + 11. Masche rechts zusammenstricken	40
F 4	31.	glatt rechts stricken	40
F 4	32.	jede 9. + 10. Masche rechts zusammenstricken	36
F 4	33.	jede 8. + 9. Masche rechts zusammenstricken	32
F 4	34.	jede 7. + 8. Masche rechts zusammenstricken	28
F 5	35.	jede 6. + 7. Masche rechts zusammenstricken	24
F 5	36.	jede 5. + 6. Masche rechts zusammenstricken	20
F 5	37.	jede 4. + 5. Masche rechts zusammenstricken	16
F 5	38.	jede 3. + 4. Masche rechts zusammenstricken	12
F 5	39.	jede 2. + 3. Masche rechts zusammenstricken	8

Der **Anfang** und die Verteilung der Maschen auf dem Nadelspiel funktionieren wie bei Größe M. Einzige Änderung für Größe L: Nach dem Bund werden 4 Maschen zugenommen, um die Größe dem Kopfumfang für L anzupassen.

BOSHI für Größe L

Farbe	Runde	Beschreibung	Anzahl Maschen in Runde
F1	1.–10.	siehe Größe M	56
F2	11.	bei jeder 14. Masche Maschen zunehmen (siehe Seite 196; 1 Masche links herausstricken); es liegen jetzt immer 15 Maschen auf jeder Nadel	60
F2	12.–19.	glatt rechts stricken	60
F3	20.–24.	glatt rechts stricken	60
F3	25.	jede 14. + 15. Masche rechts zusammenstricken	56
F3	26.	glatt rechts stricken	56
F3	27.	jede 13. + 14. Masche rechts zusammenstricken	52
F3	28.	glatt rechts stricken	52
F4	29.	jede 12. + 13. Masche rechts zusammenstricken	48
F4	30.–35.	siehe Beschreibung 27.–32. Rd bei Größe M	48–36
F4	36.	glatt rechts stricken	36
F4	37.	jede 8. + 9. Masche rechts zusammenstricken	32
F5	38.–43.	siehe Beschreibung 34.–39. Rd bei Größe M	28–8

Fertigstellung

Den Faden nach ca. 25 cm abschneiden und diesen durch die letzten 8 Maschen fädeln, die auf den Nadeln liegen. Nach innen ziehen, die Mütze umstülpen und alle Fäden gut vernähen.

SCHAL

Anfang: 36 Maschen mit F1 anschlagen.

Beschreibung

Von jeder Farbe immer 60 Reihen im Perlmuster stricken (siehe Seite 196). Das ergibt bei 5 Farben einen Schal mit 300 Reihen.

Fertigstellung

Die letzte Reihe abketten. Der Schal kann nun auf verschiedenste Weise verwendet werden. Man kann den Schal so lassen oder – wie hier dargestellt – an den Enden zusammennähen und als Rundschal 2-mal um den Hals wickeln.

Farbideen

F1 355 Marine, 150 g
F2 365 Pflaume, 150 g
F3 357 Blaubeere, 150 g
F4 356 Eisblau, 150 g
F5 393 Silber, 150 g

F1 194 Titangrau, 100 g
F2 196 Schwarz, 100 g
F3 195 Anthrazit, 100 g
F4 159 Saphir, 100 g
F5 193 Silber, 100 g

myboshi
myboshi
myboshi

Boshi fertig in ca. 2,5h

Handschuhe fertig in ca. 3h

Zama

Boshi und Handschuhe

Ein bunter Mix aus Häkeln und Sticken.

Die Handschuhe und die Boshi „Zama“ werden mit halben Stäbchen und einem Reliefstäbchenmuster im unteren Drittel gehäkelt. Sowohl die Handschuhe als auch die Boshi werden mit aufgestickten Kreuzen verziert (siehe ab Seite 182).

Skills

Maschenprobe
10 x 10 cm =
12 halbe Stäbchen x 8 Reihen

Nadeln
myboshi Häkelnadel 6,0 mm,
Stick-/Vernähnadel

Kopfumfang
Größe M 52–56 cm
Größe L 57–60 cm

Handschuhe Größe M
Länge ca. 26 cm
Breite ca. 11 cm

Material
myboshi Wolle No. 3
Farbe 1 365 Pflaume, 180 g
Farbe 2 339 Himbeere, 100 g
Farbe 3 392 Elfenbein, 30 g

www.selfmade-boshi.com/
4seasons/Zama

Anleitung ››

Anfangsring oben mit F1 (siehe Seite 184). Gilt für Größe M und Größe L. Die Runden werden geschlossen (siehe Seite 191). Fortan wird nun mit halben Stäbchen gearbeitet, die hier als „Maschen" bezeichnet werden.

BOSHI für Größe M

Farbe	Runde	Beschreibung	Anzahl Maschen in Runde
F1	1.	in den Ring vom **Anfang** 11 Maschen arbeiten	11
F1	2.	jede Masche doppeln, also 2 Maschen in 1 Einstichstelle arbeiten	22
F1	3.	2 Maschen einfach häkeln, 1 Masche doppeln	29
F1	4.	3 Maschen einfach häkeln, 1 Masche doppeln	36
F1	5.	4 Maschen einfach häkeln, 1 Masche doppeln	43
F1	6.	5 Maschen einfach häkeln, 1 Masche doppeln	50
F1	7.–12.	jede Masche einfach häkeln	50
F2	13.	1 Masche einfach und 1 Reliefstäbchen im Wechsel häkeln	50
		Aufgepasst! Siehe Größe M bei den Handschuhen in Runde 17.	
F2	14.	1 Masche einfach und 1 Reliefstäbchen im Wechsel häkeln	50
		Aufgepasst! Siehe Größe M bei den Handschuhen in Runde 18.	
F2	15. + 16.	13. + 14. Rd wiederholen	50
F3	17.	Abschlussrunde/Rückrunde: feste Maschen häkeln (siehe Seite 192)	50
		Ende für Größe M	
		Fertigstellung	
		Siehe Seite 177.	

BOSHI für Größe L

Größe L ist 4 Maschen breiter und 1 Runde länger als M.

Farbe	Runde	Beschreibung	Anzahl Maschen in Runde
F1	1.–6.	siehe Größe M	11–50
F1	7.	11 Maschen einfach häkeln, 1 Masche doppeln	54
F1	8.–13.	jede Masche einfach häkeln	54
F2	14.	1 Masche einfach und 1 Reliefstäbchen im Wechsel häkeln	54
		Aufgepasst! Siehe Größe M bei den Handschuhen in Runde 17.	
F2	15.	1 Masche einfach und 1 Reliefstäbchen im Wechsel häkeln	54
		Aufgepasst! Siehe Größe M bei den Handschuhen in Runde 18.	
F2	16. + 17.	14. + 15. Rd wiederholen	54
F3	18.	Abschlussrunde/Rückrunde: feste Maschen häkeln (siehe Seite 192)	54
		Ende für Größe L	

Anfangsring oben in F 1 (siehe Seite 184). Gilt für den rechten und den linken Handschuh. Die Runden werden geschlossen (siehe Seite 191). **Aufgepasst!** Die Handschuhe können bis zur Daumenöffnung auch in der Schnecke gehäkelt werden (siehe Seite 192). Mit der 1. Masche von F 1 fängt auch immer die neue Runde an. Fortan wird nun mit halben Stäbchen gearbeitet, die hier als „Maschen" bezeichnet werden.

HANDSCHUHE für Größe M

Farbe	Runde	Beschreibung	Anzahl Maschen in Runde
F 1	1.	in den Ring vom **Anfang** 5 Maschen arbeiten	5
F 1	2.	jede Masche doppeln, also 2 Maschen in 1 Einstichstelle arbeiten	10
F 1	3.	jede Masche doppeln	20
F 1	4.–10.	jede Masche einfach häkeln	20
F 1	11.	Daumenöffnungen:	
		linker Handschuh: 2 Maschen einfach häkeln, 4 Luftmaschen häkeln, 2 Einstichstellen auslassen, 16 Maschen einfach häkeln	20
		rechter Handschuh: 16 Maschen einfach häkeln, 4 Luftmaschen häkeln, 2 Einstichstellen auslassen, 2 Maschen einfach häkeln	20
F 1	12.	jede Masche einfach häkeln	22
		Aufgepasst! Bei den Luftmaschen wird immer nur in die hintere Schlinge eingestochen.	
F 1	13.	1. + 2. sowie 14. + 15. Masche zusammen abmaschen, alle anderen Maschen einfach häkeln	20
F 1	14. + 15.	jede Masche einfach häkeln	20
F 1	16.	1. + 2. sowie 14. + 15. Masche zusammen abmaschen, alle anderen Maschen einfach häkeln	18
F 2	17.	1 Masche einfach und 1 Reliefstäbchen im Wechsel häkeln	18
		Aufgepasst! Das halbe Stäbchen nach dem Reliefstäbchen wird direkt in die Maschenschlingen des Reliefstäbchens gehäkelt. Die Masche danach wird ausgelassen.	
F 2	18.	1 Masche einfach und 1 Reliefstäbchen im Wechsel häkeln	18
		Aufgepasst! Die 1. Masche kommt in die gleiche Einstichstelle wie die Kett- und die Luftmasche. Die Reliefstäbchen werden in dieser Runde um die Reliefstäbchen der Vorrunde gehäkelt. Die Maschen werden in die halben Stäbchen der Vorrunde, also direkt vor das Reliefstäbchen gehäkelt. Die Maschenschlinge des Reliefstäbchens wird in dieser Runde ausgelassen. Der Wechsel der Einstichstellen wird benötigt, da die Reliefstäbchen sonst schräg verlaufen.	
F 2	19.–21.	17. + 18. Rd wiederholen	18
F 2	22.	Abschlussrunde/Rückrunde: feste Maschen häkeln (siehe Seite 192)	18
		Ende für Größe M	

HANDSCHUHE für Größe L

Farbe	Runde	Beschreibung	Anzahl Maschen in Runde
F 1	1.–3.	siehe Größe M	5–20
F 1	4.	1. + 5. Masche doppeln, alle anderen Maschen einfach häkeln	22
F 1	5.–12.	jede Masche einfach häkeln	22
F 1	13.	Daumenöffnungen: siehe Größe M, mit 2 zusätzlichen Maschen im Block der 16 Maschen bei Größe M	22
F 1	14.	jede Masche einfach häkeln	24
		Aufgepasst! Siehe Größe M in Runde 12.	
F 1	15.	1. + 2. sowie 14. + 15. Masche zusammen abmaschen, alle anderen Maschen einfach häkeln	22
F 1	16. + 17.	jede Masche einfach häkeln	22
F 1	18.	1. + 2. sowie 14. + 15. Masche zusammen abmaschen, alle anderen Maschen einfach häkeln	20
F 2	19.	1 Masche einfach und 1 Reliefstäbchen im Wechsel häkeln	20
		Aufgepasst! Siehe Größe M in Runde 17.	
F 2	20.	1 Masche einfach und 1 Reliefstäbchen im Wechsel häkeln	20
		Aufgepasst! Siehe Größe M in Runde 18.	
F 2	21.–23.	19. + 20. Rd wiederholen	20
F 2	24.	Abschlussrunde/Rückrunde: feste Maschen häkeln (siehe Seite 192)	20
		Ende für Größe L	

Daumen

Daumen gilt für beide Größen. Handschuh mit dem Bündchen nach unten vor sich hinlegen. In der Daumenöffnung unten rechts den Faden durchziehen, 2 Luftmaschen häkeln und mit der 1. Runde beginnen.

Farbe	Runde	Beschreibung	Anzahl Maschen in Runde
F 3	1.	um den nächsten Maschenkörper nach den Luftmaschen 1 Reliefstäbchen häkeln, 3 Reliefstäbchen häkeln, 2 halbe Stäbchen einfach häkeln, 3 nur in die hintere Maschenschlinge gestochene halbe Stäbchen häkeln, 3 halbe Stäbchen häkeln, wobei das 3. halbe Stäbchen in die gleiche Einstichstelle wie die Luftmaschen am Anfang gehäkelt wird	12
F 3	2.	jedes halbe Stäbchen einfach häkeln	12
F 3	3.	1 halbes Stäbchen einfach häkeln, 2. + 3. halbes Stäbchen zusammen abmaschen, 7 halbe Stäbchen einfach häkeln, 11. + 12. halbes Stäbchen zusammen abmaschen	10
F 3	4.	1 halbes Stäbchen einfach häkeln, 2. + 3. halbes Stäbchen zusammen abmaschen, 4 halbe Stäbchen einfach häkeln, 8. + 9. halbes Stäbchen zusammen abmaschen, 1 halbes Stäbchen einfach häkeln	8
F 3	5.	immer 2 halbe Stäbchen zusammen abmaschen	4

Ende Daumen: Den Faden nach ca. 15 cm abschneiden, durch die letzten 4 Maschen fädeln und oben zusammenziehen Nun den Faden nach innen durchziehen und im Inneren gut vernähen. Den Vorgang am anderen Handschuh wiederholen.

Fertigstellung

Nachdem die Boshi und beide Handschuhe mit Daumen fertiggestellt wurden, werden alle Fäden nach ca. 15 cm abgeschnitten und gut vernäht. Zuletzt werden mit jeweils einem ca. 50 cm langen Faden in F3 die Kreuze auf die Handschuhe und bei der Mütze in der letzten Runde von F1 gestickt (siehe Seite 197). Fertig!

Farbideen

F1 195 Anthrazit, 120 g
F2 155 Marine, 65 g
F3 158 Meerblau, 20 g

F1 128 Palme, 120 g
F2 156 Eisblau, 65 g
F3 182 Neonpink, 20 g

Know-how

zum Strick- und Häkel-Chic

HÄKELN

STRICKEN

STICKEN

Videos

zu den beschriebenen Grundanleitungen findest du hier:
www.selfmade-boshi.com/4seasons/Knowhow

Häkeln

Der Anfang bzw. die Handhaltung beim Häkeln

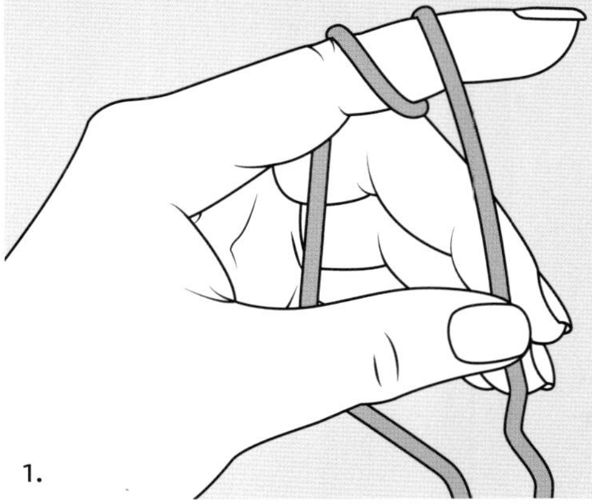

1.

Den Faden um den Zeigefinger der linken Hand legen.

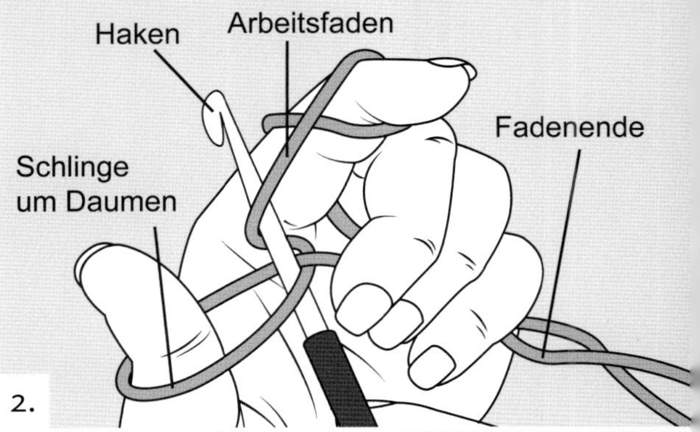

2.

Im 2. Schritt das Fadenende von vorn um den Daumen legen, damit eine Schlinge entsteht. In die Schlinge wird nun von unten mit der Häkelnadel eingestochen, der Arbeitsfaden wird mit dem Haken aufgenommen und nach unten durchgezogen. Jetzt den Daumen aus der Schlinge nehmen und das Fadenende anziehen. Darauf achten, dass der Arbeitsfaden auf der Nadel bleibt, wenn man diese durch die Daumenschlinge zieht.

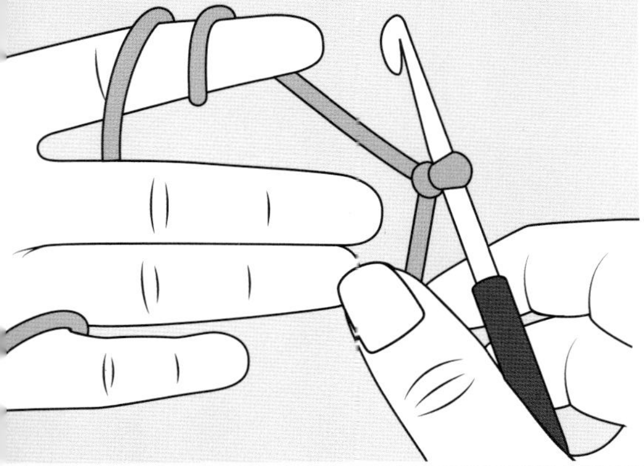

Den Arbeitsfaden um die Finge- der linken Hand legen. Das reguliert die Fadenspannung während des Häkelns. Hält man die Finger fest zusammen, läuft der Faden schwerer. Bei lockerer Haltung gleitet er hindurch.

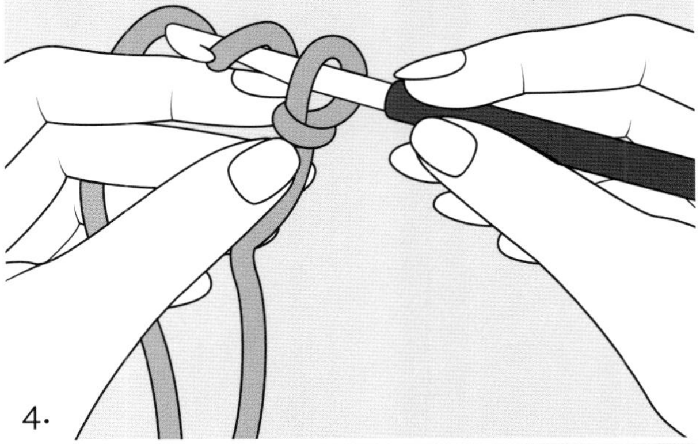

4.

Die erste Schlinge mit dem Daumen und dem Mittelfinger festhalten und den Faden durch die Schlinge ziehen.

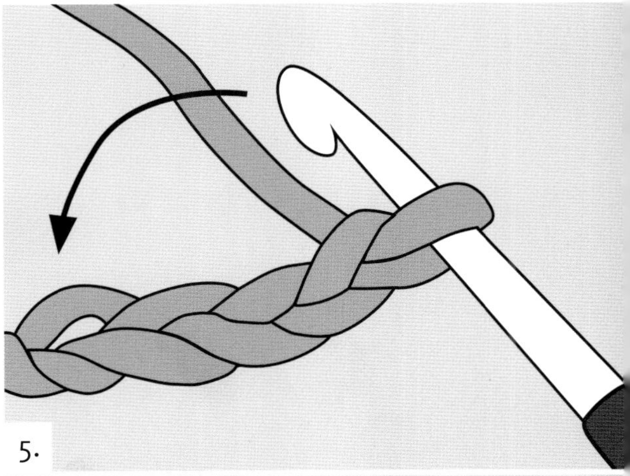

5.

Fortan wiederholen, bis die gewünschte Anzahl an Luftmaschen erreicht ist.

Der Anfangsring

Zu Beginn werden 4 Luftmaschen angeschlagen und mit 1 Kett- und 1 Luftmasche zu einem kleinen Ring geschlossen.

1. Luftmaschenkette mit 4 Luftmaschen.
2. In die 1. Luftmasche der Kette einstechen.
3. Den Arbeitsfaden holen und durch die 1. Luftmasche ziehen.
4. So sieht der kleine Ring geschlossen aus. Gehäkelt wurde 1 Kettmasche.
5. Bei festen Maschen und halben Stäbchen: den Arbeitsfaden erneut auf die Nadel nehmen (= 1 Umschlag machen) und durch die Kettmasche ziehen. 1 Luftmasche ist entstanden. Bei einfachen Stäbchen: noch eine 2. Luftmasche häkeln.

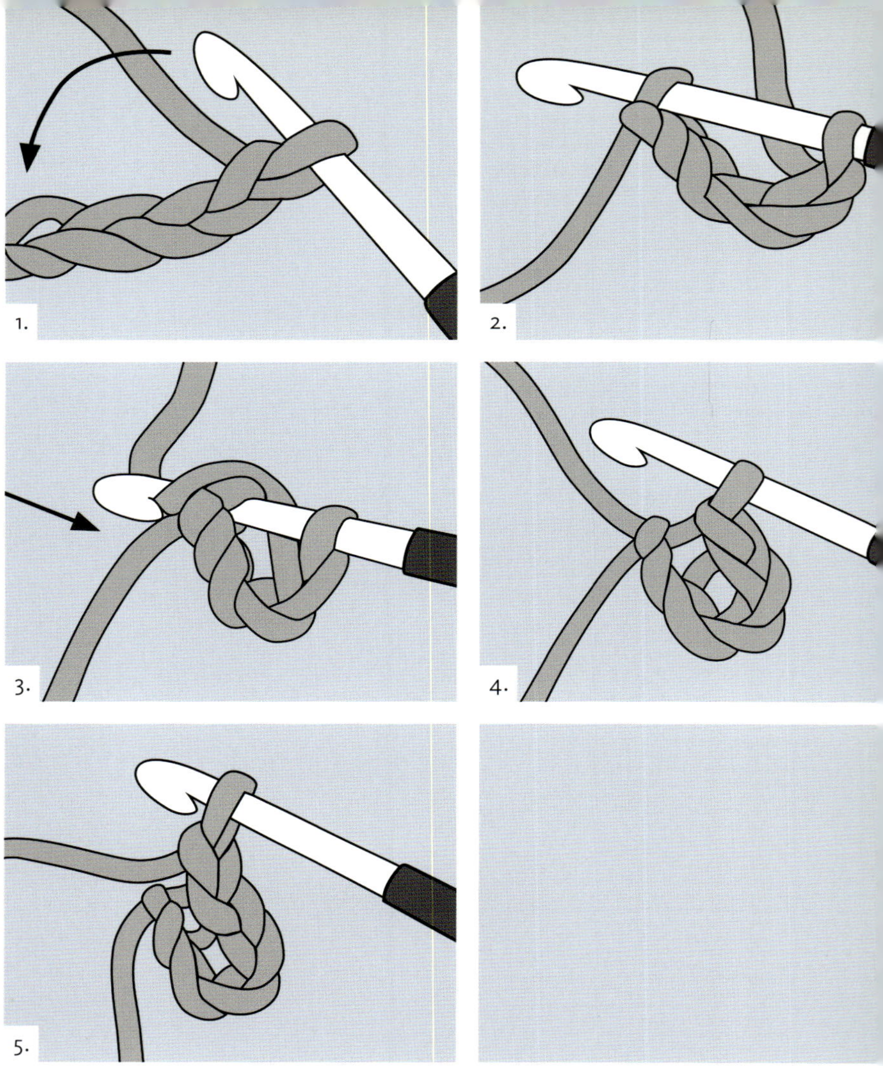

Die 1. Runde einer Boshi (Die Anzahl der Maschen und die Maschenart der 1. Runde variieren von Anleitung zu Anleitung, z. B. 11 halbe Stäbchen im Anfangsring.)

1. 1 Umschlag von unten auf die Nadel nehmen.
2. Mit der Nadel in den Anfangsring einstechen, dann den Arbeitsfaden von unten auf die Nadel holen und durch die Einstichstelle ziehen.
3. Den Arbeitsfaden erneut von unten mit der Nadel holen und durch alle 3 Schlingen ziehen.
4. Fertig ist das 1. halbe Stäbchen.

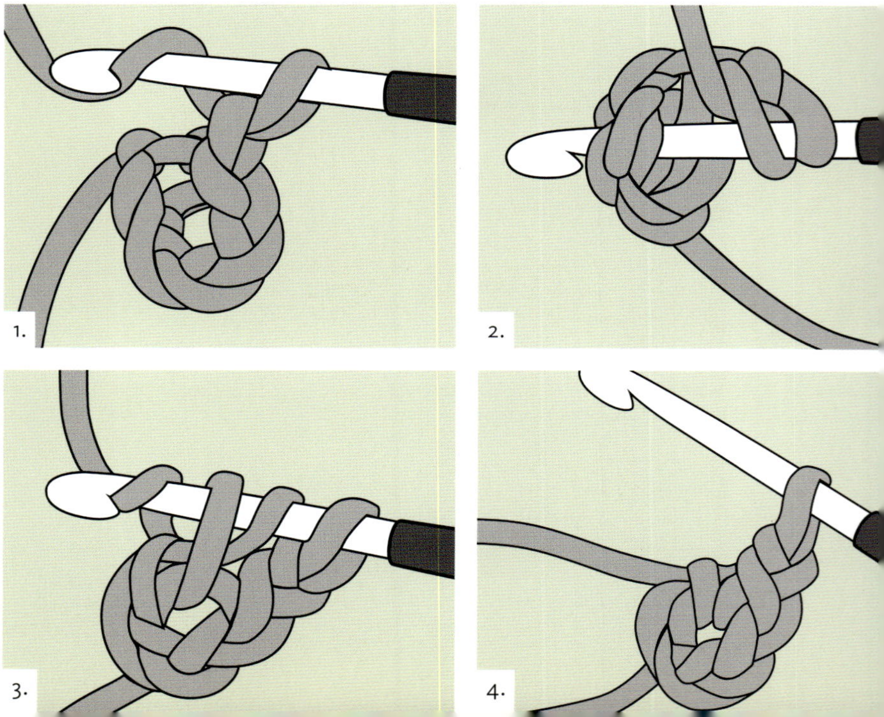

5. Hier sieht man z. B. 11 halbe Stäbchen im Anfangsring.

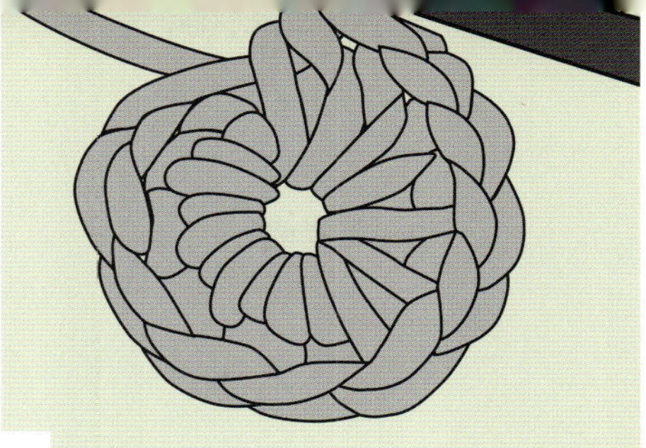

5.

Die Kennzeichnung des Rundenanfangs (mit Sicherheitsnadel)

1. Sollte es dir schwerfallen, die Luftmasche, die direkt nach der Kettmasche beim Rundenschluss gehäkelt wurde, zu erkennen, kannst du diese mit einer Sicherheitsnadel kennzeichnen.

1.

Faden mit in die letzte Masche der Runde einhäkeln

1. Dazu den Faden der gerade nicht verwendeten Farbe nach dem Einstechen der Nadel auf die Häkelnadel legen und den Arbeitsfaden holen. Mit dem Abmaschen wird der Faden mit eingehäkelt. Beispiel hier ist 1 halbes Stäbchen.

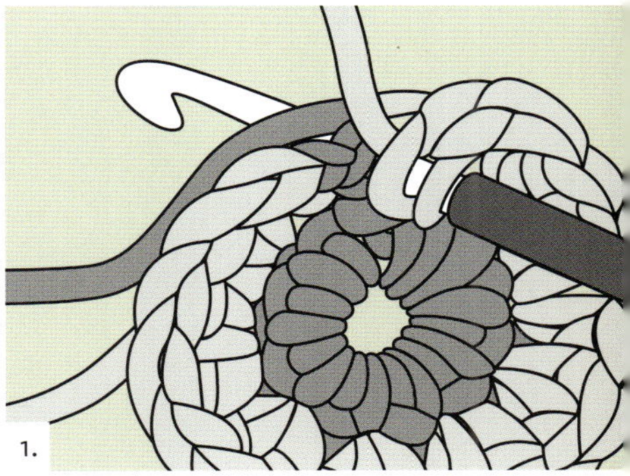

1.

Die feste Masche

1. Mit der Häkelnadel in die nächste Einstichstelle stechen und den Faden durch diese holen. Wichtig dabei ist, dass 2 Schlingen der Masche über der Nadel liegen und sich 1 Schlinge unter der Nadel befindet.

2. Es befinden sich nun 2 Schlingen auf der Nadel. Den Faden wieder mit der Nadel aufnehmen (= 1 Umschlag machen) und durch diese beiden Schlingen ziehen. Fertig ist die 1. feste Masche.

3. In die nächste Einstichstelle stechen und den Faden durch die Schlingen ziehen. Es befinden sich wieder 2 Schlingen auf der Nadel. 1 Umschlag machen und wieder durch beide Schlingen ziehen.

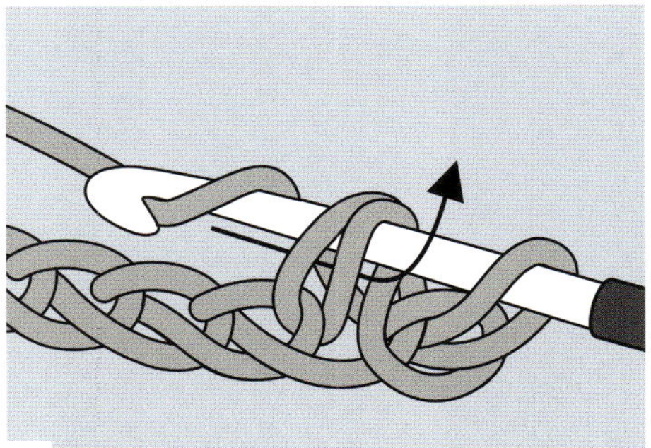

1.

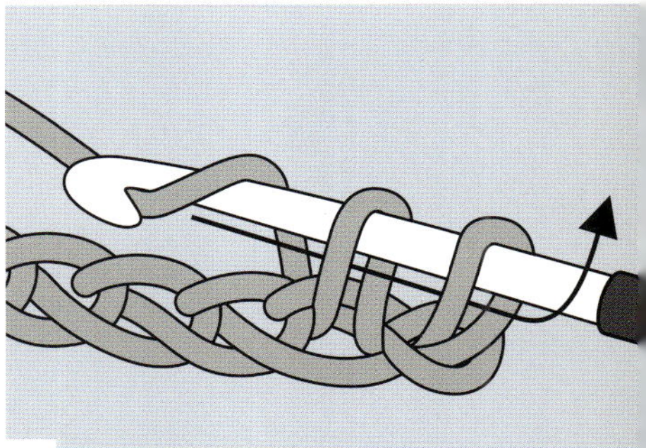

2.

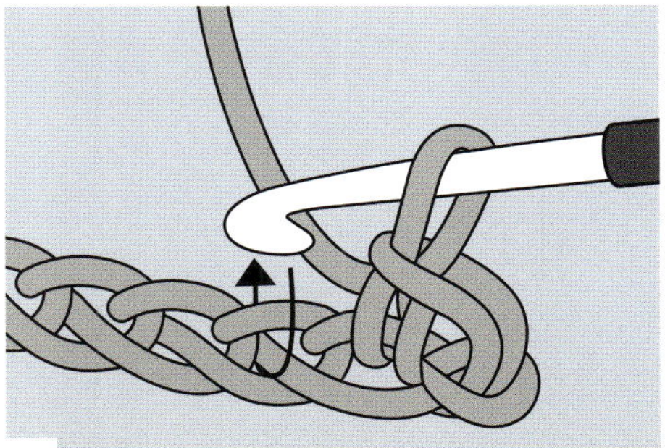

3.

Die Kettmasche

1. Mit der Häkelnadel in die Einstichstelle stechen, den Faden aufnehmen und durch die bereits auf der Nadel liegende Schlinge ziehen.

2. Den Vorgang wiederholen. Kettmaschen werden oft am Ende einer Häkelarbeit als Umrandung dieser verwendet.

1.

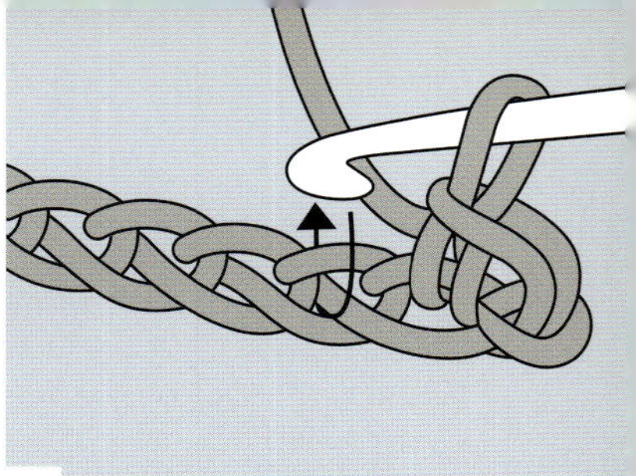
2.

Das halbe Stäbchen

1. Vor dem Einstechen in die nächste Einstichstelle wird der Faden 1-mal um die Häkelnadel gelegt. So liegen vor dem Einstechen schon 2 Schlingen auf der Nadel. Nun in die Einstichstelle stechen, den Faden aufnehmen und durch die Masche ziehen.

2. Es liegen nun 3 Schlingen auf der Häkelnadel. Faden erneut aufnehmen und durch alle 3 Schlingen ziehen.

3. Nun ist das 1. halbe Stäbchen fertig. Fortan wiederholen.

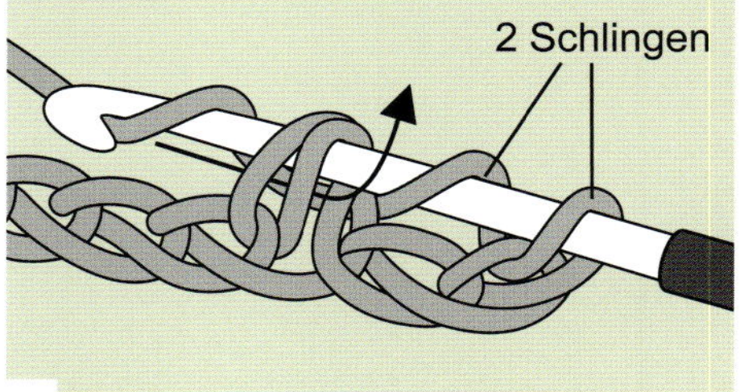

1.

2.

3.

Das einfache Stäbchen

1. Faden vor dem Einstechen in die Luftmasche/Einstichstelle 1-mal um die Nadel legen (= 1 Umschlag machen). In die Masche einstechen und den Faden durch diese ziehen. Nun liegen 3 Schlingen auf der Häkelnadel.

2. Faden mit der Nadel aufnehmen und durch die ersten beiden auf der Nadel liegenden Schlingen ziehen. Nun liegen 2 Schlingen auf der Häkelnadel.

3. Faden wieder mit der Nadel aufnehmen und durch diese beiden noch auf der Nadel liegenden Schlingen ziehen. Fertig ist das 1. Stäbchen. Fortan wiederholen.

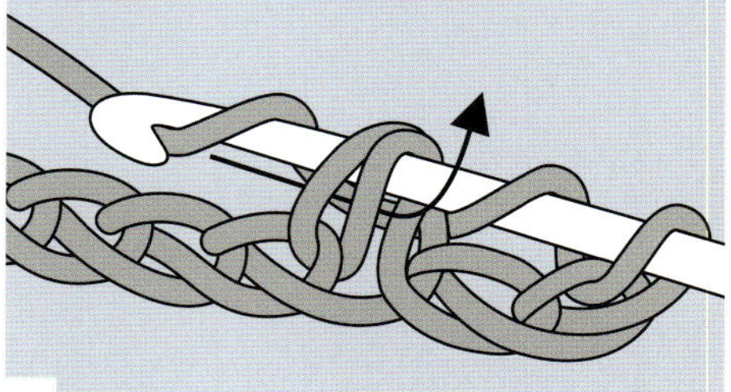
1.

2.

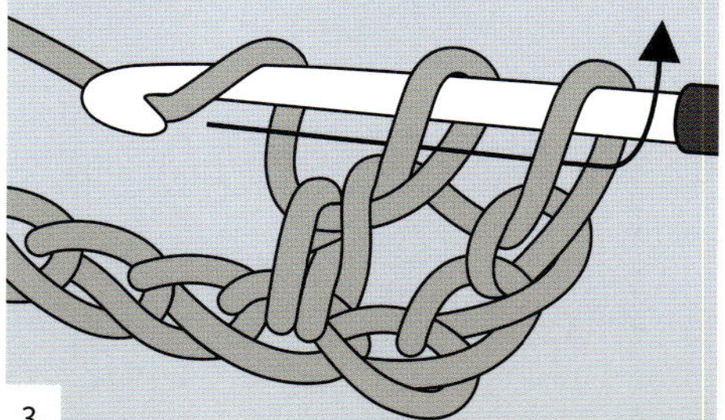
3.

Feste Maschen und halbe Stäbchen zusammen abmaschen

Feste Maschen zusammen abmaschen: einstechen, Faden holen, in die nächste Einstichstelle stechen, den Faden holen und anschließend den Arbeitsfaden durch alle 3 auf der Nadel liegenden Schlingen ziehen.

Halbe Stäbchen zusammen abmaschen: 1 Umschlag machen, einstechen, Faden holen. Es liegen 3 Schlingen auf der Nadel. Erneut 1 Umschlag machen, in die nächste Einstichstelle stechen, Faden holen und anschließend den Arbeitsfaden durch alle 5 auf der Nadel liegenden Schlingen ziehen.

Videos
www.selfmade-boshi.com/4seasons/Knowhow

Das doppelte Stäbchen

1. Faden vor dem Einstechen in die Luftmasche 2-mal um die Nadel legen (= 2 Umschläge machen). In die Einstichstelle stechen und den Faden durch diese ziehen. Es liegen nun 4 Schlingen auf der Nadel.
2. Faden mit der Nadel aufnehmen und durch die ersten beiden auf der Nadel liegenden Schlingen ziehen. Nun liegen 3 Schlingen auf der Nadel.
3. Faden erneut aufnehmen und durch die ersten beiden Schlingen auf der Nadel ziehen. Nun liegen noch 2 Schlingen auf der Nadel. Faden noch 1-mal aufnehmen und die letzten beiden Schlingen abmaschen.

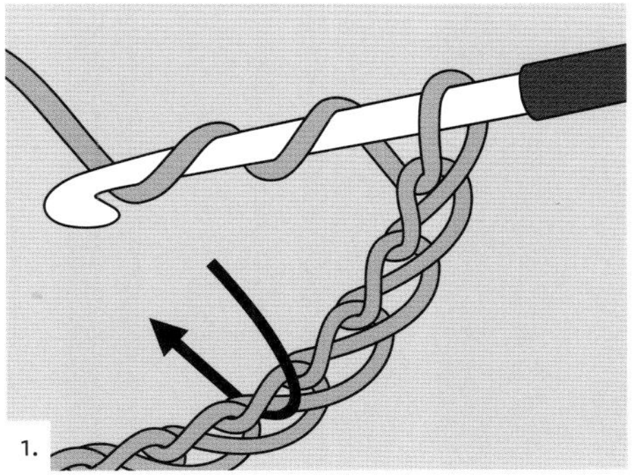
1.

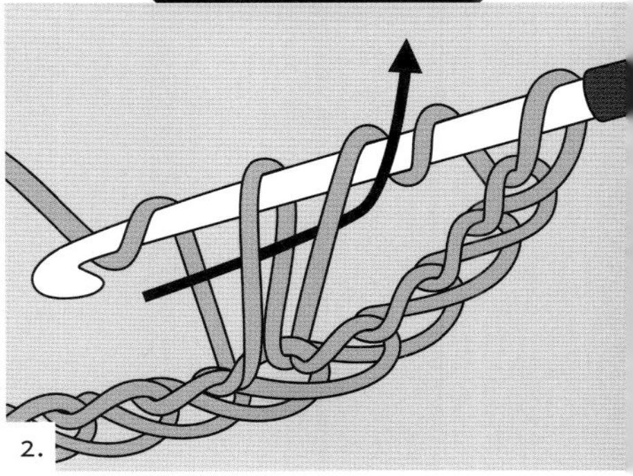
2.

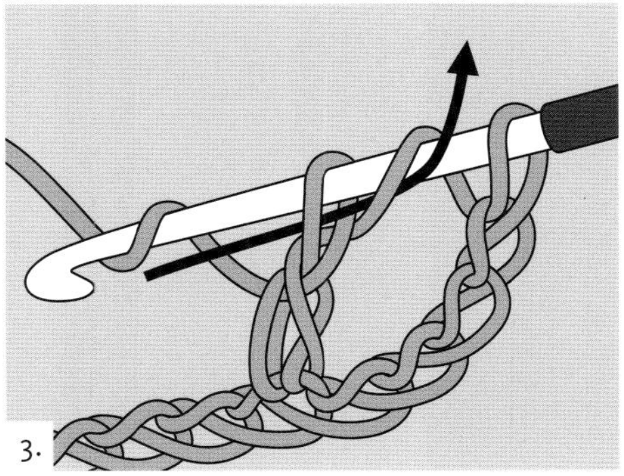
3.

Das Dreifachstäbchen

1. 3 Umschläge auf die Nadel machen, in die Einstichstelle stechen, Faden durchholen, erneut den Arbeitsfaden holen und durch die ersten beiden Schlingen, die auf der Nadel liegen, ziehen (siehe Illustration). Im Folgenden jeweils Arbeitsfaden holen und immer durch 2 auf der Nadel liegende Schlingen ziehen, bis nur noch 1 Schlinge übrig ist.

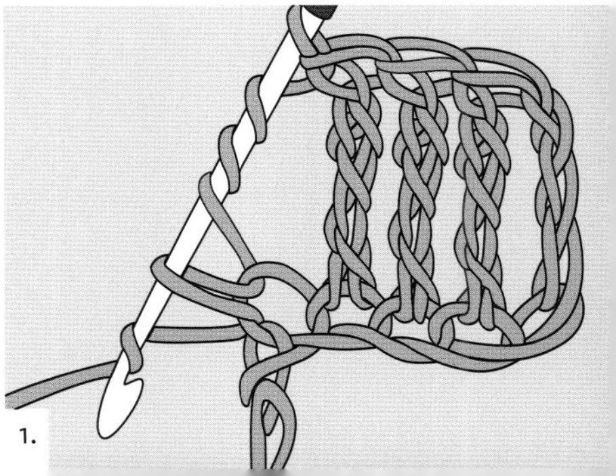
1.

Von hinten eingestochene halbe Stäbchen oder einfache Stäbchen (Die Abbildung zeigt halbe Stäbchen.)

1. Das Bild zeigt von hinten eingestochene halbe Stäbchen.

2. 1 Umschlag machen und von hinten vor dem Maschenkörper einstechen. Die Nadel am Körper vorbeilenken und von vorn im gleichen Zug in die Einstichstelle nach dem Körper stechen. Den Faden durchholen.

3. Anschließend den Arbeitsfaden mit 1 Umschlag auf die Nadel nehmen und durch die 3 Schlingen, die auf der Nadel liegen, ziehen. Bei einfachen Stäbchen wird hier der Arbeitsfaden zunächst durch 2 von 3 Schlingen, die auf der Nadel liegen, gezogen und anschließend noch 1-mal durch die letzten beiden.

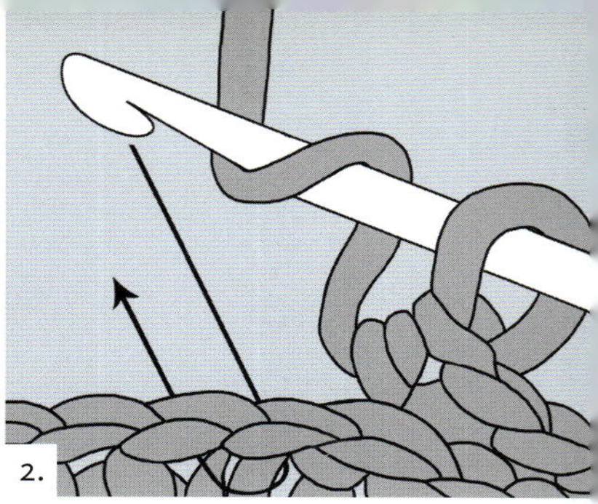

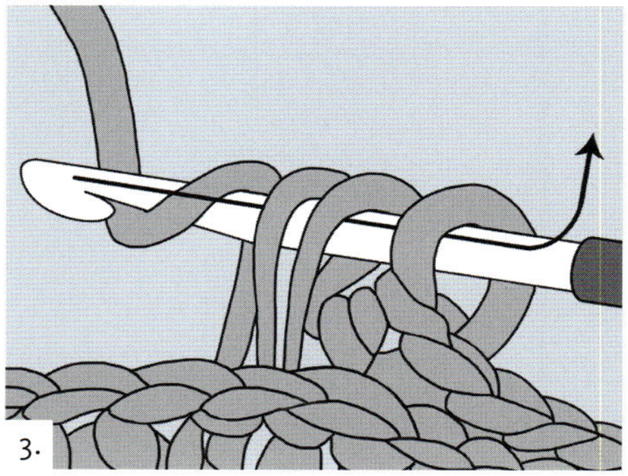

Das Reliefstäbchen

Ein Reliefstäbchen entsteht durch das Häkeln um den Maschenkörper. Man kann Reliefstäbchen mit halben Stäbchen oder mit einfachen Stäbchen häkeln.

1. 1 Umschlag auf die Nadel machen und von vorn um den Maschenkörper stechen. Den Faden holen und 1 Umschlag auf die Nadel machen: bei halben Stäbchen die 3 auf der Nadel liegenden Schlingen abmaschen. Bei einfachen Stäbchen den Faden zunächst durch 2 Schlingen ziehen und anschließend mit dem Arbeitsfaden die übrigen 2 Schlingen abmaschen.

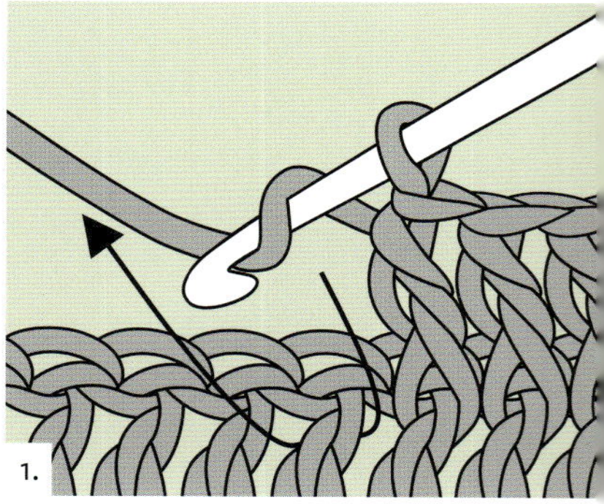

Die Büschelmasche

1. Die Büschelmasche besteht aus 3 einfachen Stäbchen, die aber zusammengehäkelt werden. Das bedeutet: 1 Umschlag machen, einstechen, Faden holen und durch die ersten beiden Schlingen ziehen. Nun liegen 2 Schlingen auf der Nadel. Wieder 1 Umschlag machen, einstechen, Faden holen und durch die ersten beiden auf der Nadel liegenden Schlingen ziehen. Nun liegen 3 Schlingen auf der Nadel. Erneut 1 Umschlag machen, einstechen, Faden holen und wieder nur durch die ersten beiden Schlingen ziehen. Nun liegen 4 Schlingen auf der Nadel. Faden holen und durch alle 4 Schlingen ziehen – fertig ist die Büschelmasche. Die Büschelmasche kann auch aus nur 2 oben zusammengehäkelten einfachen Stäbchen bestehen. Dafür so wie oben beschrieben häkeln, bis 3 Schlingen auf der Nadel liegen, und anschließend den Arbeitsfaden durch diese 3 Schlingen ziehen.

Das Maschenbündel mit 4 einfachen Stäbchen

1. Ein Maschenbündel besteht aus 4 einfachen Stäbchen, die in 1 Einstichstelle gehäkelt werden.

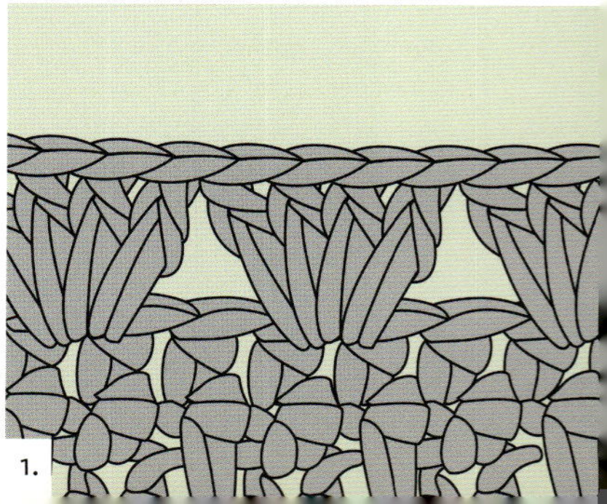

Die Krebsmaschen (Feste Maschen werden nach rechts gehäkelt.)

1. 1 Luftmasche häkeln – sowohl beim Häkeln von Reihen als auch beim Häkeln von Runden. Bei Runden wird die Luftmasche nach der Kettmasche gehäkelt.
2. Nun in die letzte Masche der gehäkelten Reihe/Runde stechen und den Arbeitsfaden holen.
3. Es liegen 2 Schlingen auf der Nadel. Nun den Arbeitsfaden erneut holen und 1 feste Masche bilden. Krebsmaschen dienen als Ziernaht zum Abschluss einer Arbeit.

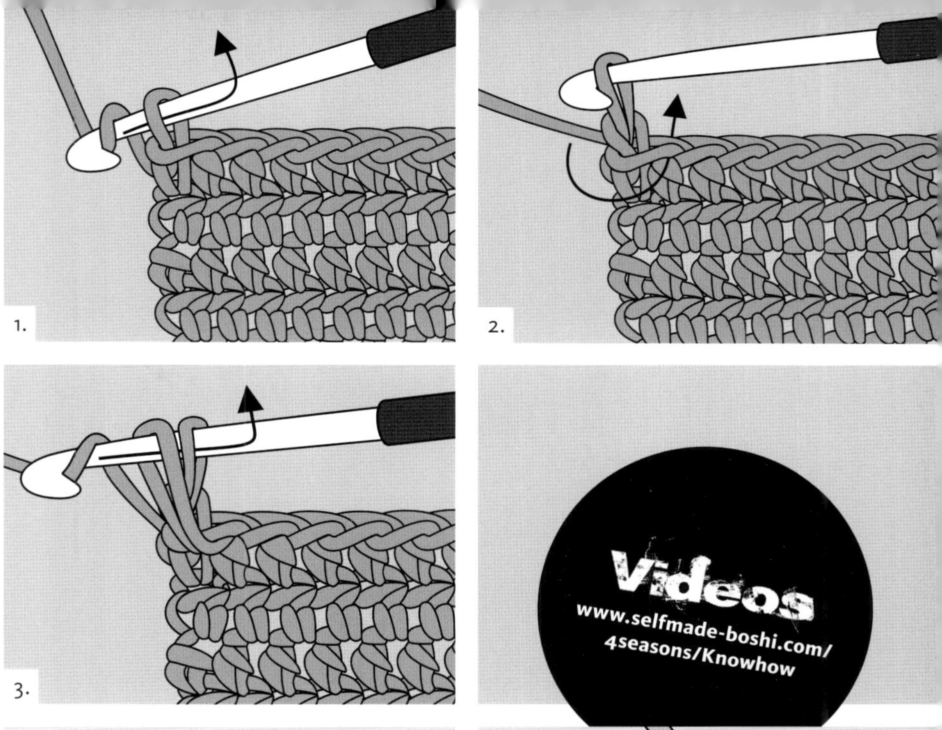

Der doppelte Luftmaschenanschlag

1. Zur Anfangsluftmasche 2 Luftmaschen anschlagen. Den Anfangsknoten ein bisschen nach oben drehen.
2. In die 1. Luftmasche stechen. Dabei darauf achten: 2 Schlingen sind über der Nadel und 1 Schlinge ist unter der Nadel.
3. Den Arbeitsfaden durchholen, 1 Umschlag auf die Nadel machen und durch beide Schlingen, die auf der Nadel liegen, ziehen.
4. Man sieht nun die beiden Schlingen, die man vorher zusammen von der Nadel genommen hat.
5. Ab sofort sticht man immer in die linke Schlinge (mit 2 Schlaufen über der Nadel) und häkelt feste Maschen. Bei diesem Vorgang das Gebilde leicht nach oben drehen, dann geht es einfacher.
6. Fortan feste Maschen in die linken Schlingen häkeln. Die doppelte Luftmaschenkette kräuselt sich ein bisschen zusammen.

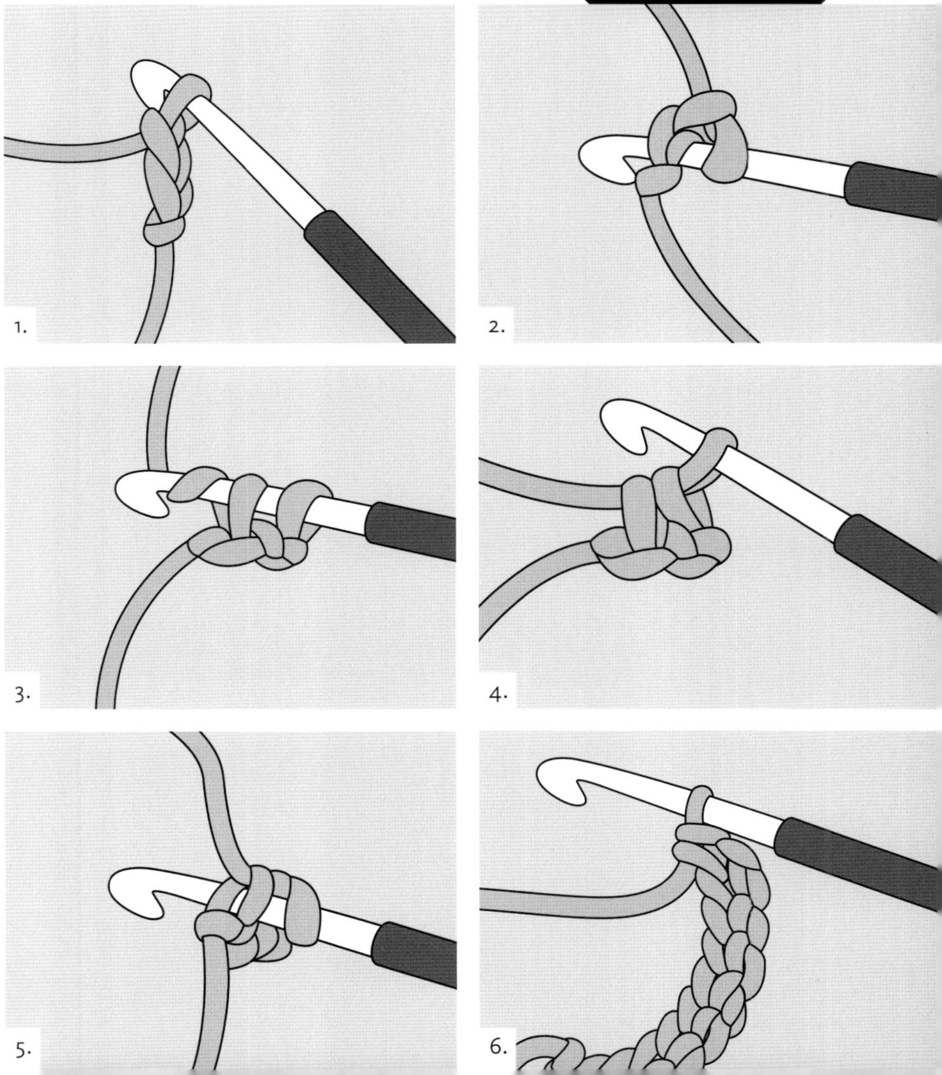

Große und kleine Blüten mit Knubbel herstellen (Die Beschreibung für kleine Blüten steht direkt im Anschluss in Klammern.)

1. Den Anfangsring bilden (gilt für beide Größen).

2. 8 halbe Stäbchen in den Ring häkeln, die Runde mit 1 Kett- und 1 Luftmasche schließen und jedes halbe Stäbchen doppeln (16 Maschen). (Für die kleine Blüte gilt: 5 halbe Stäbchen, Runde schließen und anschließend jedes halbe Stäbchen doppeln (10 Maschen)).

3. Nach dem Rundenschluss mit 1 Kettmasche und 5 Luftmaschen häkeln (gilt für beide Größen, jedoch werden bei der kleinen Blüte 4 Luftmaschen gehäkelt).

4. Die 1. Luftmasche von der Häkelnadel aus gesehen frei lassen, in die 2. Luftmasche 1 feste Masche häkeln, in die 3. Luftmasche 1 halbes Stäbchen, in die 4. Luftmasche 1 einfaches Stäbchen und in die 5. Luftmasche ein doppeltes Stäbchen häkeln. (Für die kleine Blüte gilt: Die 1. Luftmasche von der Häkelnadel aus gesehen frei lassen, in die 2. Luftmasche 1 feste Masche häkeln, in die 3. Luftmasche 1 halbes Stäbchen, in die 4. Luftmasche 1 einfaches Stäbchen häkeln.)

5. Das entstandene Blütenblatt mit dem gehäkelten Kreis verbinden. Dazu 2 Einstichstellen überspringen und in die 3. Einstichstelle 1 Kettmasche häkeln. Auf die gleiche Art werden 4 weitere Blütenblätter gehäkelt. Nach der letzten Kettmasche den Faden großzügig nach ca. 30 cm abschneiden. (Für die kleine Blüte gilt: Das entstandene Blütenblatt mit dem gehäkelten Kreis verbinden. Dazu 1 Einstichstelle überspringen und in die 2. Einstichstelle 1 Kettmasche häkeln. Auf die gleiche Art werden 4 weitere Blütenblätter gehäkelt. Nach der letzten Kettmasche den Faden großzügig nach ca. 30 cm abschneiden.)

6. Das Ende wird durch die auf der Häkelnadel liegende Schlinge gezogen (gilt für beide Größen).

7. Der so entstandene Stern wird nun mit der Stick-/Vernähnadel in Blütenform gebracht, indem man die einzelnen Sternspitzen in der Mitte des Sterns festnäht (gilt für beide Größen).

Blütenmitte bei beiden Größen

Die Knubbel bestehen aus 5 oben zusammengehäkelten einfachen Stäbchen, die in 1 Einstichstelle gehäkelt werden. Mit der gewünschten Farbe 3 Luftmaschen anschlagen. 1 Umschlag machen und in die 1. Luftmasche stechen. Dann Faden holen, erneut den Arbeitsfaden durchholen und durch die ersten beiden Schlingen ziehen. Das Ganze (= 1 Umschlag machen, Faden holen, Arbeitsfaden erneut holen und immer durch die ersten beiden Schlingen, die auf der Nadel liegen, ziehen) noch 4-mal wiederholen, bis 6 Schlingen auf der Nadel sind. Erneut 1 Umschlag machen, den Arbeitsfaden holen und durch alle Schlingen ziehen. Zuletzt noch 1 Luftmasche häkeln, den Faden nach ca. 15 cm abschneiden und durch die Luftmasche ziehen.

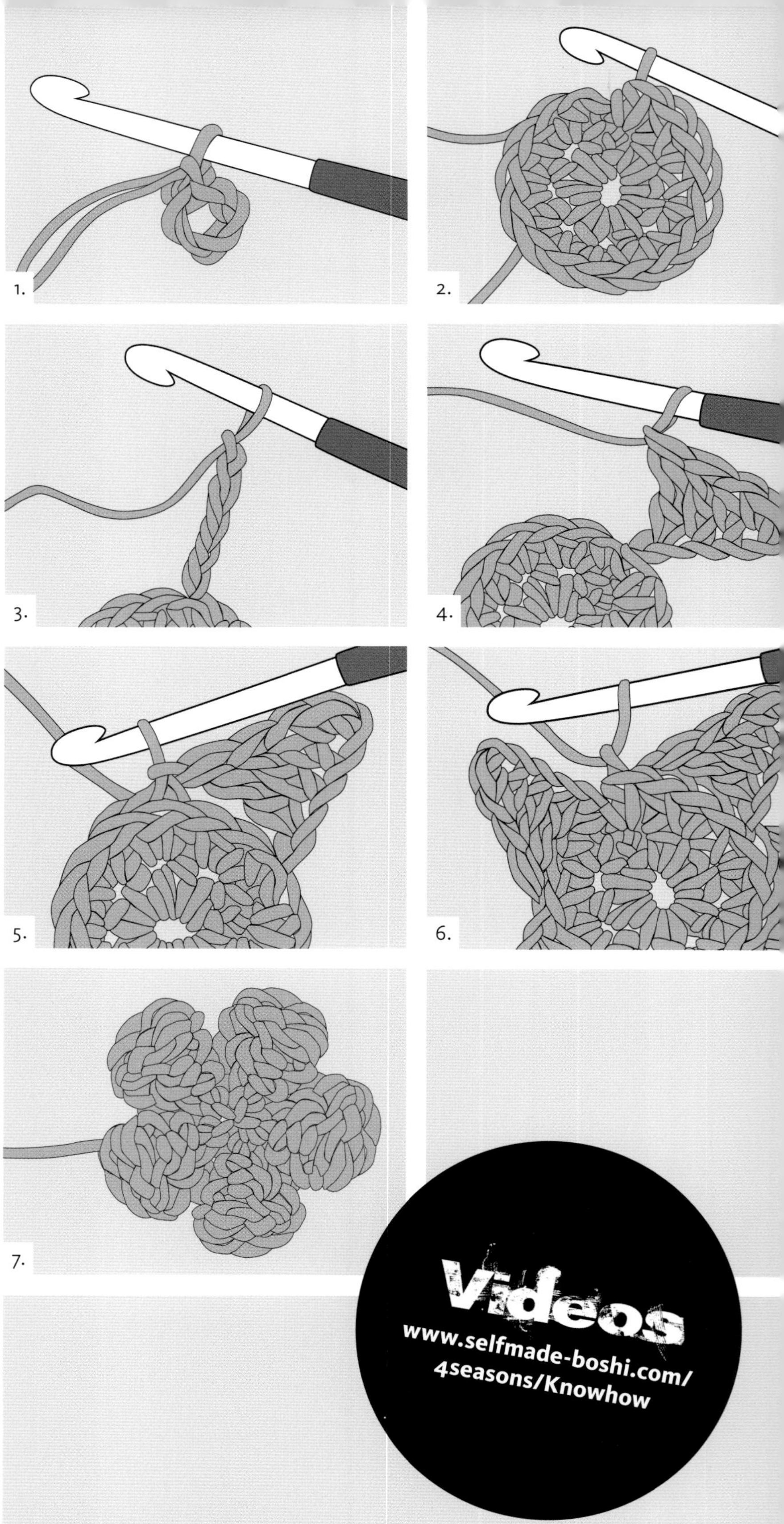

Videos
www.selfmade-boshi.com/
4seasons/Knowhow

Eine Bommel herstellen (Durchmesser ca. 6 cm)

1. Mit einer Schere aus einem Stück Pappe 2 Kreise mit einem Durchmesser von 6 cm ausschneiden. Anschließend in die Mitte beider Kreise ein Loch mit einem Durchmesser von 2,5 cm schneiden und beide Kreise aufeinanderlegen.
2. Nun einen ca. 2 m langen Faden auf eine Stick-/Vernähnadel fädeln und von unten durch die Mitte der Kreise stechen. Den Vorgang fortan wiederholen, bis man mit der Nadel kaum mehr durch das Loch in der Mitte kommt.
3. Jetzt die Wolle am Rand der Pappkreise auseinanderschneiden.
4. Einen 50 cm langen Baumwollfaden zwischen den beiden Pappkreisen festziehen und einen Doppelknoten machen. Die Pappkreise an der Seite etwas aufschneiden und von der Bommel ziehen.
5. Zum Schluss wird die Bommel noch etwas frisiert und dann an der Boshi festgeknotet.

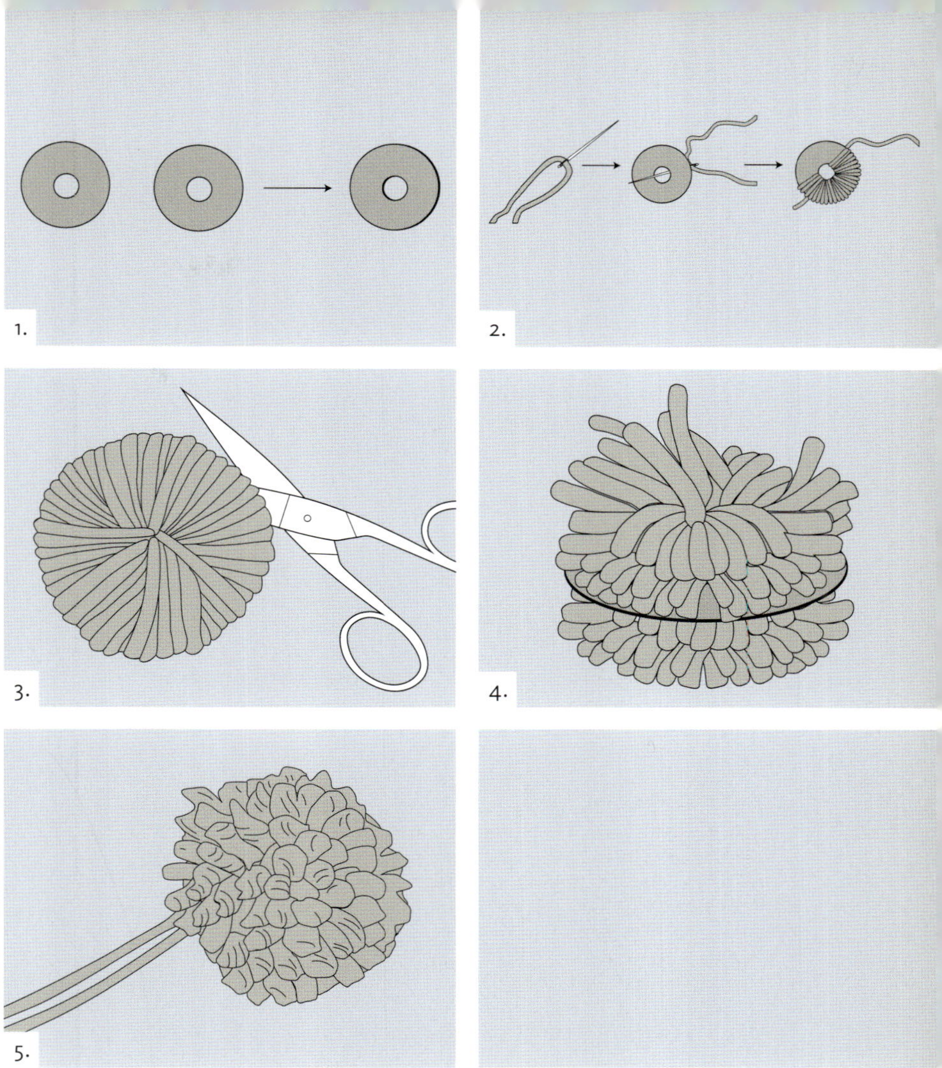

Der Rundenschluss mit Farbwechsel – Variante 1 bei festen Maschen, halben Stäbchen oder einfachen Stäbchen (Runden werden geschlossen, um einen Versatz beim Farbwechsel zu vermeiden.)

1. Für den Rundenschluss von vorn in die 1. Masche (feste Masche, halbes Stäbchen, einfaches Stäbchen etc.) stechen.
2. 1 Kettmasche mit der alten Farbe bilden.
3. Den neuen Faden aufnehmen und
   · bei festen Maschen und halben Stäbchen 1 Luftmasche bilden.
   · bei einfachen Stäbchen 2 Luftmaschen bilden.
4. In der gleichen Einstichstelle wie Kett- und Luftmasche(n) mit der 1. Masche der neuen Runde beginnen.

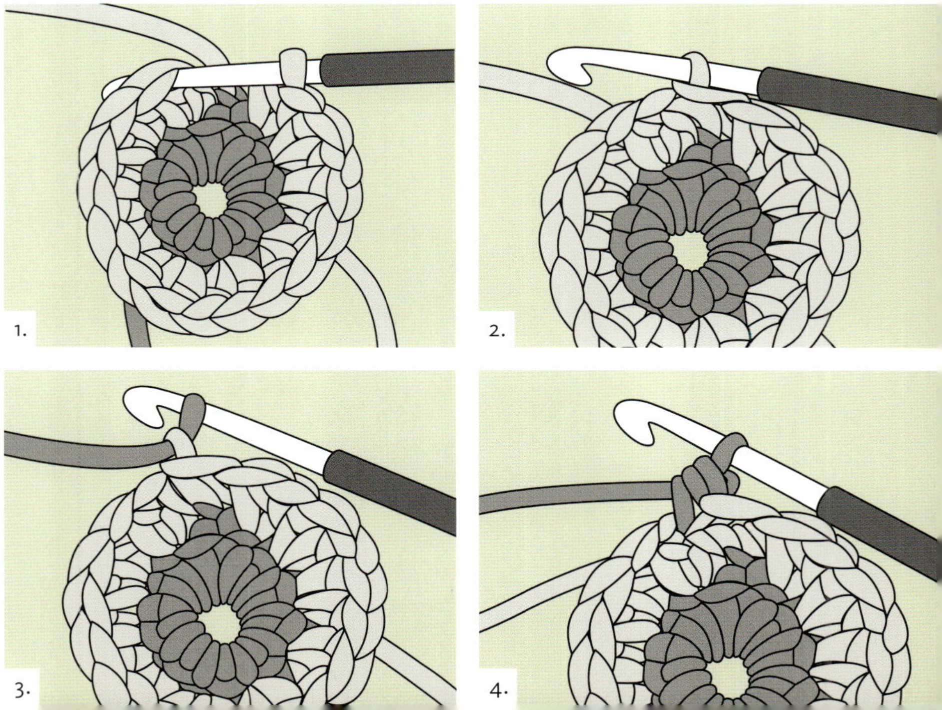

In der Schnecke häkeln

1. Wird in der Schnecke gehäkelt, kann man die 1. Masche der neuen Runde mit einer Sicherheitsnadel kennzeichnen. Das erleichtert das Zählen der Maschen in der jeweiligen Runde. Beim Häkeln in der Schnecke werden die Runden nicht mit einer Kettmasche geschlossen und es wird auch keine Luftmasche gehäkelt.

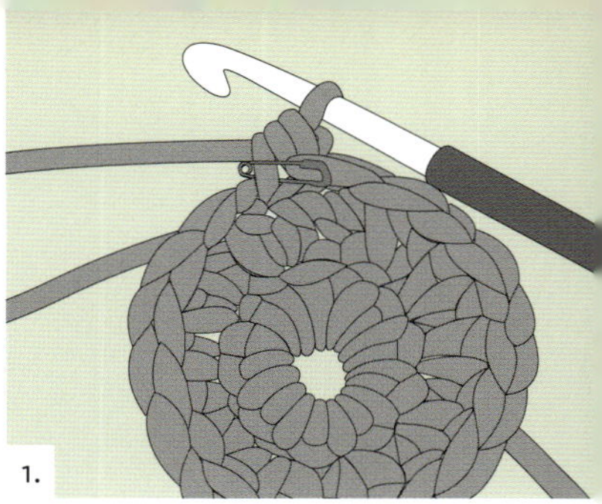
1.

Die Abschlussrunde/Rückrunde

1. Das Bild zeigt den Rundenschluss mit 1 Kettmasche und 1 Luftmasche.
2. Das Gehäkelte mit dieser letzten auf der Nadel liegenden Schlinge um die eigene Achse drehen.
3. Dann feste Maschen häkeln.

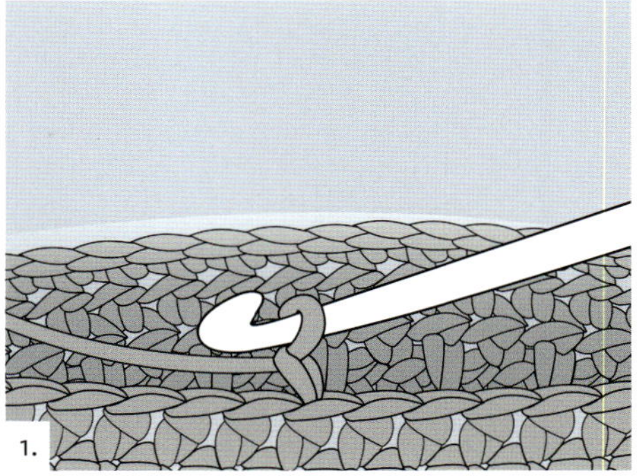
1.

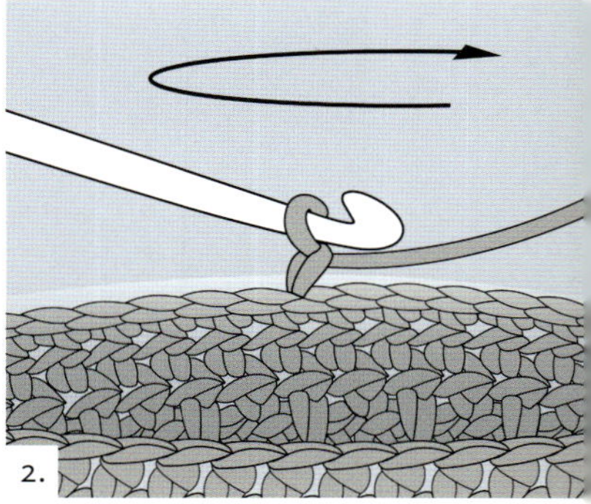
2.

3.

Videos
zu den beschriebenen
Grundanleitungen findest du hier:
www.selfmade-boshi.com/
4seasons/Knowhow

10 x 10 cm

Einfach nachhäkeln, auf die Fläche legen und sehen, ob's passt! Ist dein Gehäkeltes zu groß, mit einer kleineren Nadel häkeln, ist es zu klein, mit einer größeren Nadel häkeln.

Die Maschenprobe – wie sieht eine Masche aus
(bei halben Stäbchen mit myboshi No. 1 oder No. 3)

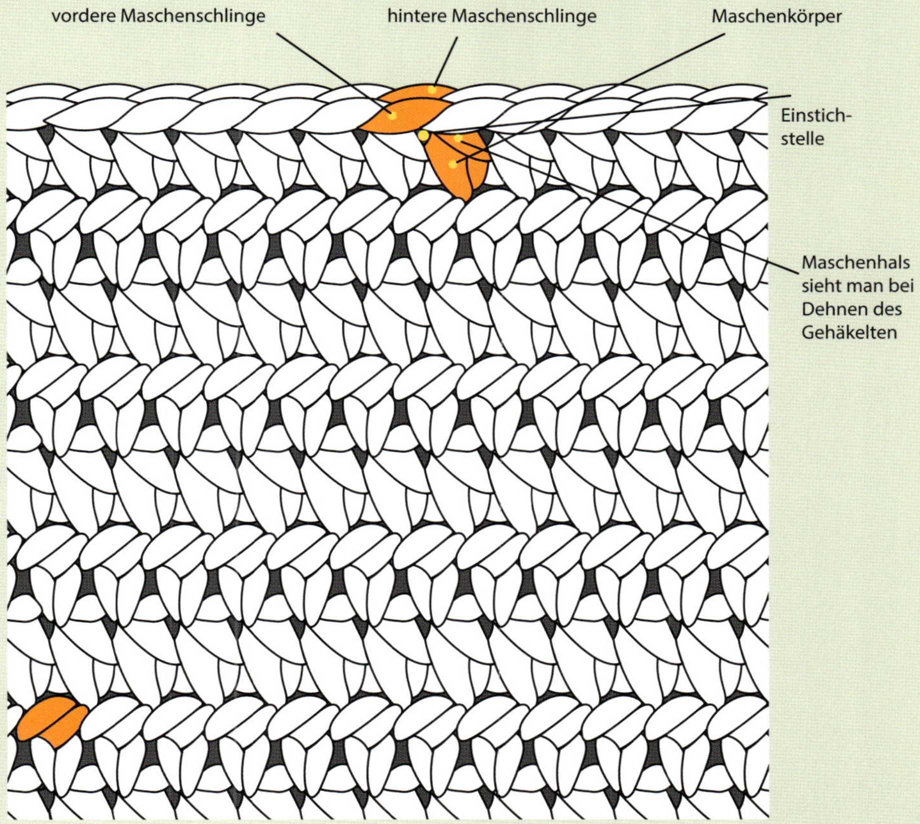

Hier werden die wichtigsten Teile einer Masche beschrieben.
10 x 10 cm = 12 halbe Stäbchen x 8 Reihen

Stricken

Der Anfang bzw. die Handhaltung beim Stricken

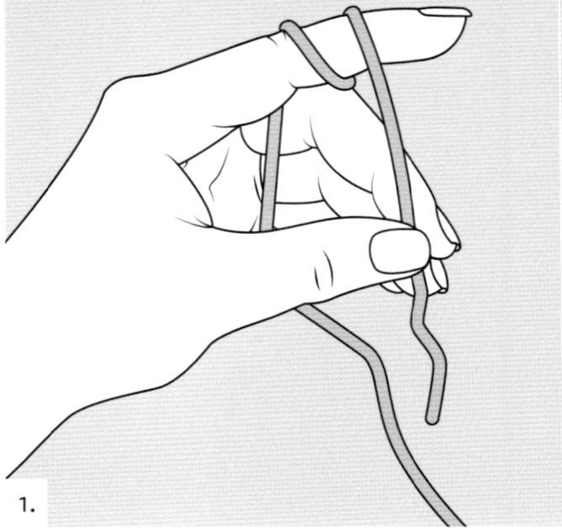

1.

Den Faden um den Zeigefinger der linken Hand legen.

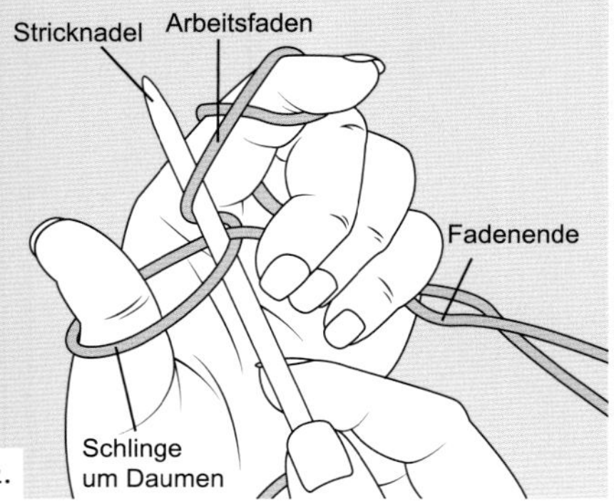

2.

Im 2. Schritt das Fadenende von vorn um den Daumen legen. Es entsteht eine Schlinge. Eine Stricknadel in die rechte Hand nehmen und mit dieser den Arbeitsfaden – wie auf dem Bild gezeigt – aufnehmen und durch die Daumenschlinge ziehen. Im gleichen Schritt den Daumen in Richtung Hand bewegen und darauf achten, dass der Faden auf der Nadel bleibt.

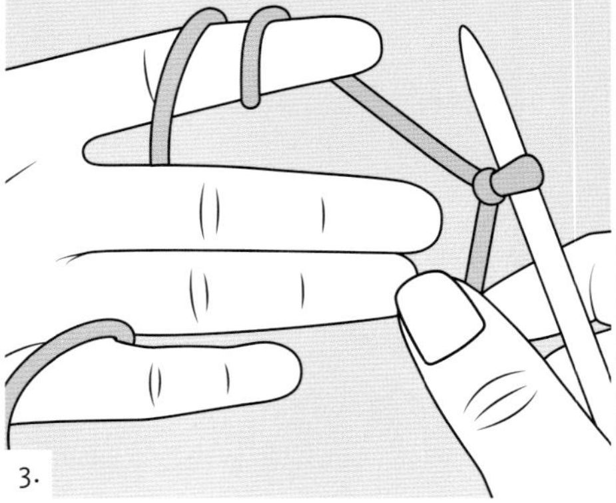

3.

Daumen aus der Schlinge nehmen und am Fadenende ziehen, sodass die 1. Anfangsmasche auf der Nadel liegt. Den Arbeitsfaden wieder um den Zeigefinger legen. Es reicht auch, wenn man den Faden nur 1-mal um den Zeigefinger legt. Das Umwickeln des Fingers dient der Regulierung der Fadenspannung. Je öfter man den Faden um den Zeigefinger legt, umso schwerer gleitet der Faden beim Stricken durch die Finger.

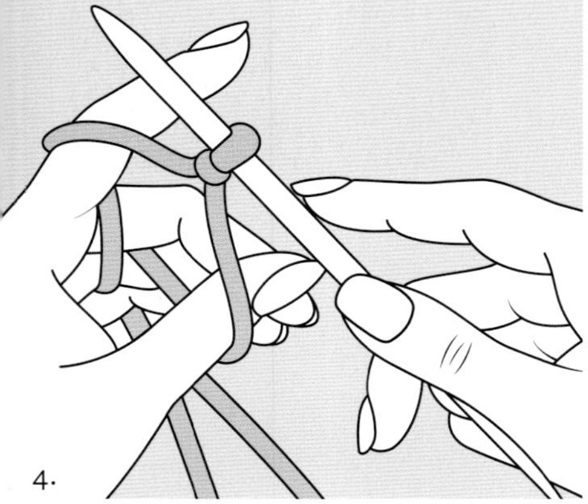

4.

Die Nadel mit der Anfangsmasche in der rechten Hand halten. Beide Fäden hängen lassen. Mit Zeigefinger und Daumen der linken Hand die beiden Fäden trennen. Darauf achten, dass das Fadenende vor dem Daumen liegt und der Arbeitsfaden (an diesem hängt das Wollknäuel) über dem Zeigefinger. Die beiden Finger mit den Fäden auseinanderbewegen und gleichzeitig die Nadel in der rechten Hand nach unten ziehen.

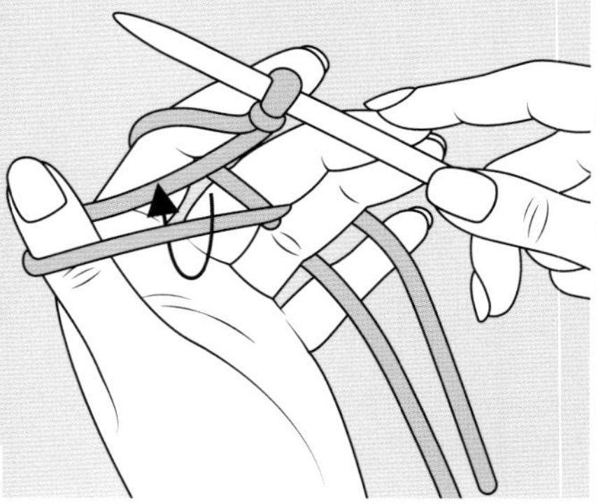

5.

Von unten mit der Nadel durch die Daumenschlinge stechen und den Arbeitsfaden holen.

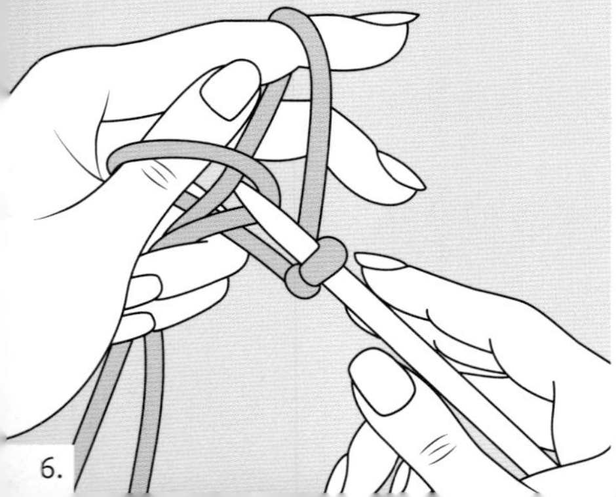

6.

Den Daumen aus der Schlinge nehmen und ...

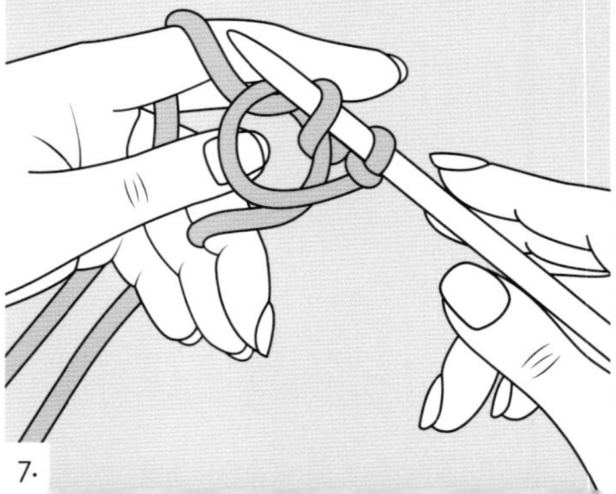

7.

... unter den Fadenende-Faden legen. Mit einer Bewegung weg von der Hand die entstandene Masche festziehen.

Bild 6 und 7 fortan wiederholen, bis die gewünschte Anzahl an Maschen auf der rechten Nadel liegt.

Die rechte Masche

1. Der Arbeitsfaden liegt hinter der linken Nadel (dem Gestrick). Von vorn mit der rechten Nadel in die Masche, die auf der linken Stricknadel liegt, stechen; die Spitze der rechten Nadel liegt jetzt rechts vom Arbeitsfaden. Den Arbeitsfaden nun um die rechte Nadel legen (sozusagen von unten) und den Faden durch die Masche ziehen.

2. Anschließend die Masche von der linken Stricknadel gleiten lassen.

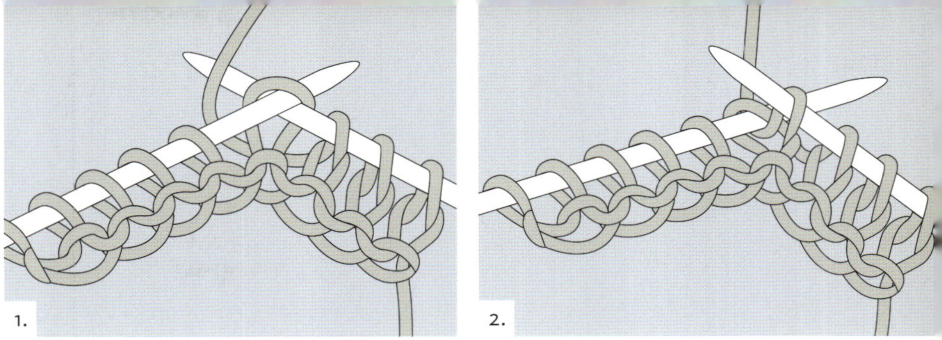

Die linke Masche

1. Der Arbeitsfaden liegt vor der Nadel (dem Gestrick).

2. Wie im Bild gezeigt, 1 Umschlag um die rechte Nadel machen. Den linken Daumen zur Hilfe nehmen, den Arbeitsfaden nach unten ziehen und die rechte Nadel inklusive Schlinge durch die Masche ziehen.

3. Anschließend die Masche von der linken Stricknadel gleiten lassen.

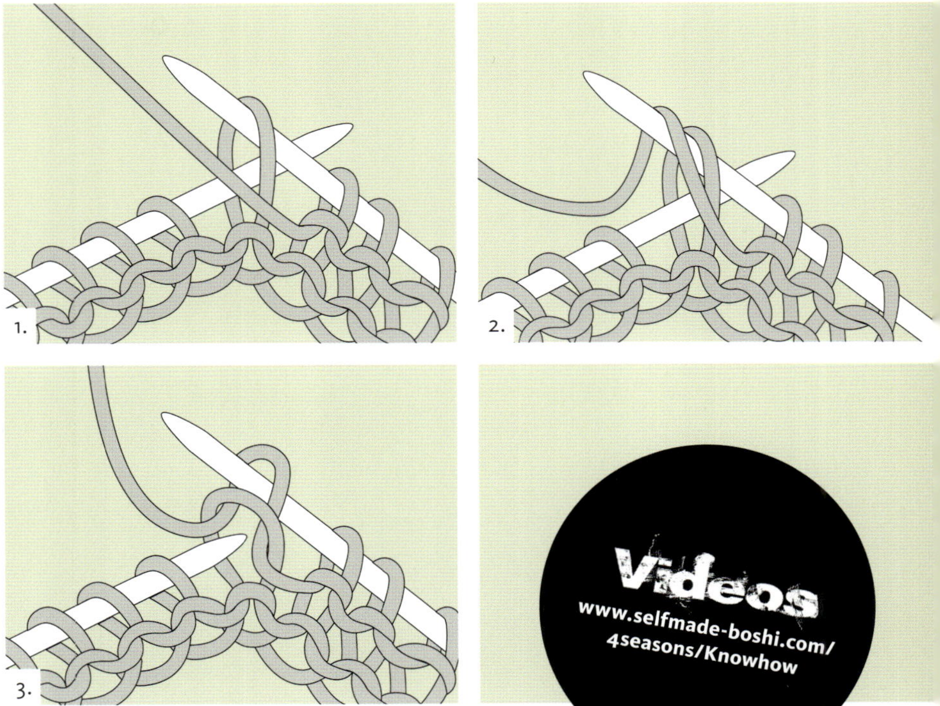

Videos
www.selfmade-boshi.com/
4seasons/Knowhow

Maschen abketten (verschiedene Möglichkeiten)

1.A Hier ist die rechte Maschenseite sichtbar. Bei dieser Variante werden also nur rechte Maschen gestrickt: die 1. Masche und die 2. Masche rechts stricken; beide Maschen liegen wie gewohnt auf der rechten Nadel. Anschließend mit der linken Nadel die 1. Masche über die 2. Masche von der rechten Nadel heben. Die Masche wird sozusagen fallen gelassen.

1.B Hier sieht man die linke Maschenseite. Bei dieser Variante werden nur linke Maschen gestrickt und nach dem gleichen Prinzip wie bei der rechten Maschenseite abgekettet.

2. Wieder 1 Masche rechts stricken und die Masche, die auf der rechten Nadel ganz rechts liegt, über die gerade gestrickte Masche heben. Es liegt so immer nur 1 Masche auf der rechten Nadel, die immer über die gerade gestrickte Masche gehoben wird. Vorgang wiederholen, bis nur noch 1 Masche übrig ist.

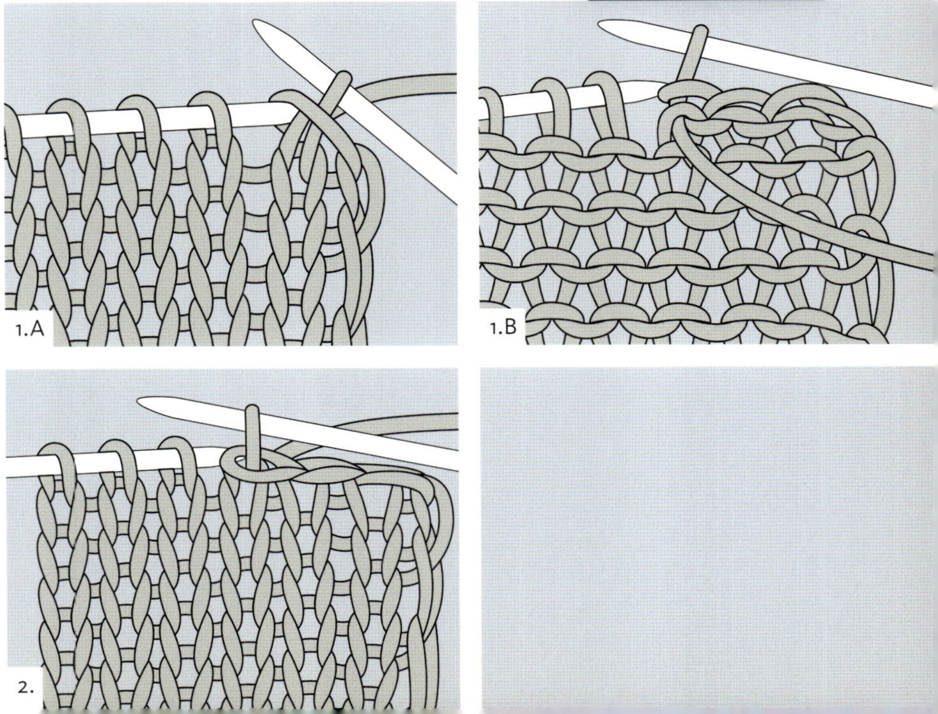

Maschen abnehmen (2 Maschen rechts zusammenstricken)

1. Bei einer Abnahme werden immer 2 Maschen rechts zusammengestrickt. Das heißt: 2 Maschen gleichzeitig auf die Nadel nehmen und stricken.

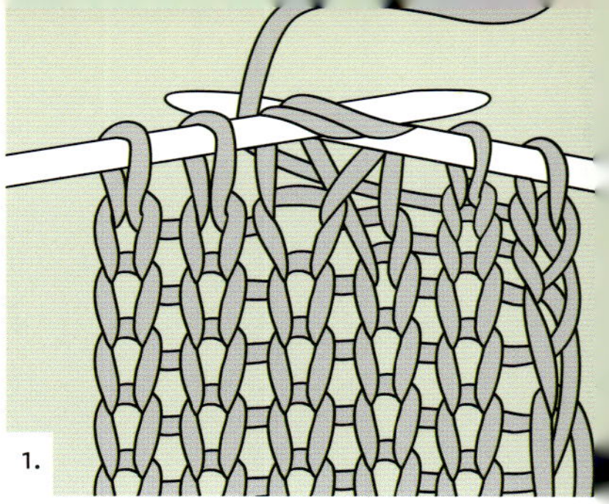
1.

1 Masche links herausstricken

1. 1 Masche rechts stricken, diese Masche allerdings nicht von der linken Nadel gleiten lassen.
2. Den Arbeitsfaden vor die Masche legen, die sich noch auf der linken Nadel befindet.
3. Aus derselben Masche nun 1 Masche links stricken.
4. Aus der rechten Masche wurde zuerst 1 Masche rechts und anschließend 1 Masche links herausgestrickt.

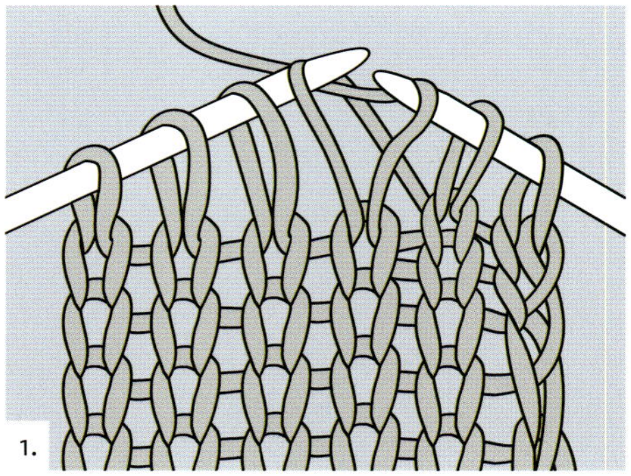
1.

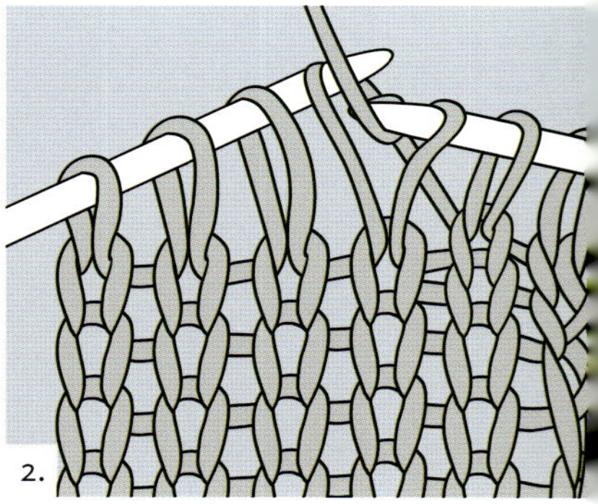
2.

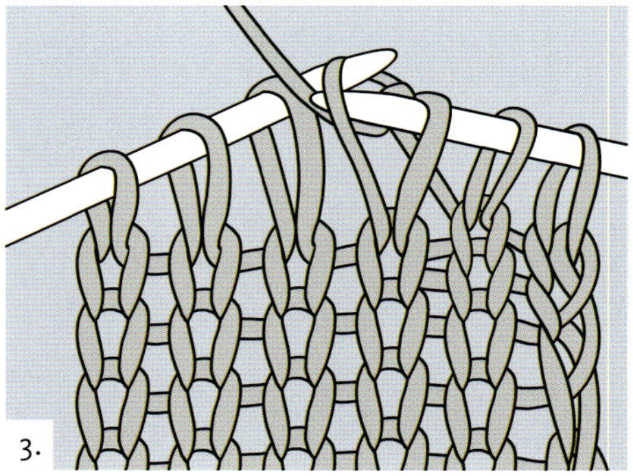
3.

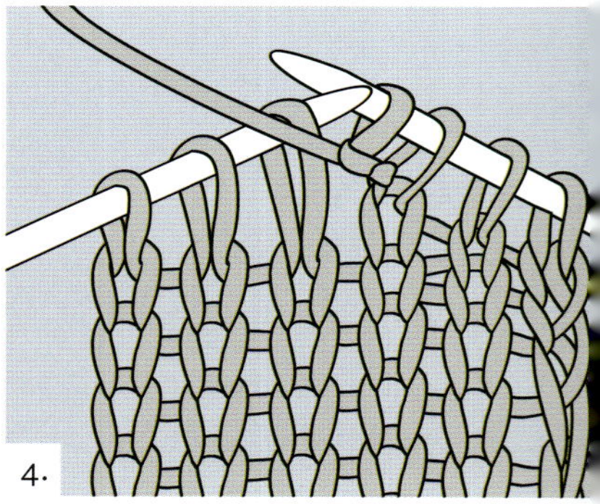
4.

Das 1/1-Rippenmuster

1. Die 1/1-Rippe bedeutet, abwechselnd 1 rechte Masche und 1 linke Masche zu stricken. In den nächsten Reihen oder Runden werden immer rechte über rechte Maschen und linke über linke Maschen gestrickt. Dadurch entsteht diese Rippenoptik.

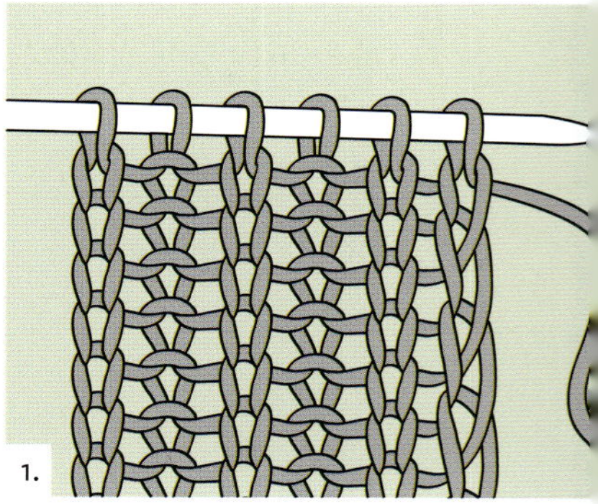
1.

Das Perlmuster (uni)

1. Das Perlmuster besteht aus 1 Masche rechts und 1 Masche links, die abwechselnd gestrickt werden. In der nächsten Reihe oder Runde werden die beiden Maschenarten versetzt. Das heißt, über eine rechte Masche wird eine linke Masche gestrickt und umgekehrt.

1.

Das Perlmuster (2-farbig) (Beispiel: mit Blau wird gestrickt, Gelb wird nicht gestrickt, sondern abgehoben)

1. Beim 2-farbigen Perlmuster wird zwar mit 2 Farben gearbeitet, jedoch immer nur mit einer Farbe gestrickt. Die Farbe, die gerade nicht gestrickt wird, wird während des Strickens der 1. Farbe einfach links abgehoben.

2. Die Maschen, die gestrickt werden, werden immer rechts gestrickt – in Hin- und Rückreihe! Grundsätzlich werden am Anfang und am Ende jeder Reihe immer 1 Randmasche und 1 Masche rechts gestrickt. Die Masche rechts (2. und vorletzte Masche auf der linken Nadel) in der Hinreihe ist immer die Masche der anderen Farbe.

3. In der Hinreihe liegt der Faden beim Abheben der nicht gestrickten Farbe HINTER der Nadel. In der Rückreihe liegt der Faden beim Abheben immer VOR der Nadel.

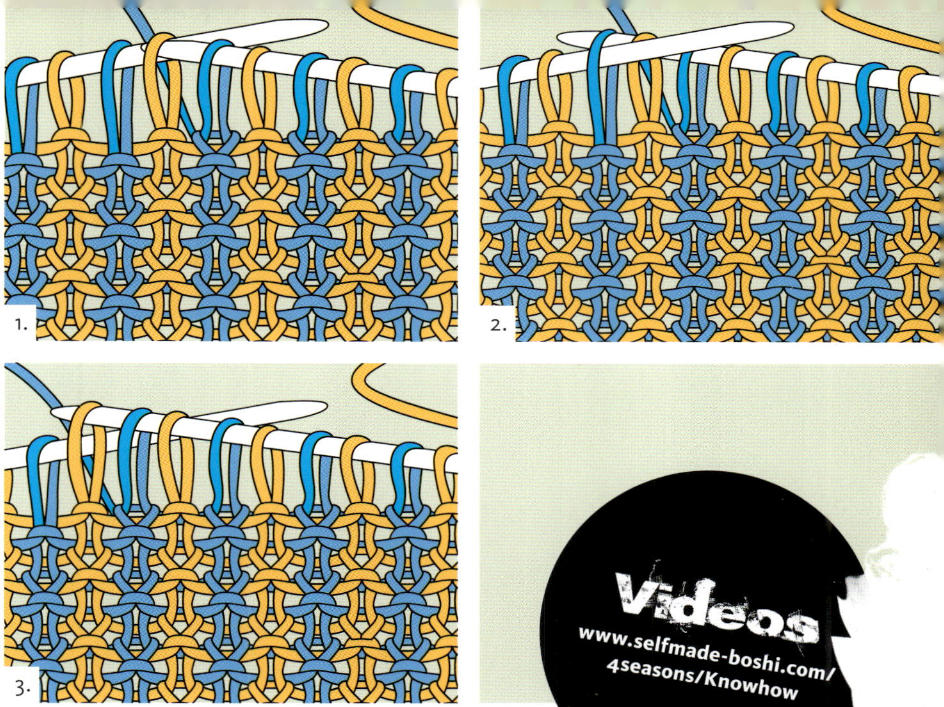

Videos
www.selfmade-boshi.com/4seasons/Knowhow

Sticken

Kreuzstich bei „Yonago" und „Zama"

Beim Kreuzstich von links nach rechts arbeiten: von hinten mit der Nadel durch das Gehäkelte stechen (1.), den Faden über die gehäkelte Masche nach oben legen und wieder einstechen (2.). Die Nadel auf der Innenseite 1 Masche zurückführen und nach vorn durchstechen. Anschließend den Faden diagonal nach unten über das Gehäkelte legen und nach hinten einstechen. Nadel hinter der nächsten Masche nach rechts führen und von hinten durchstechen.

Gestrichelter Pfeil >> Faden liegt auf der Rückseite.
Durchgezogener Pfeil >> Kreuzstich, der sichtbar ist.

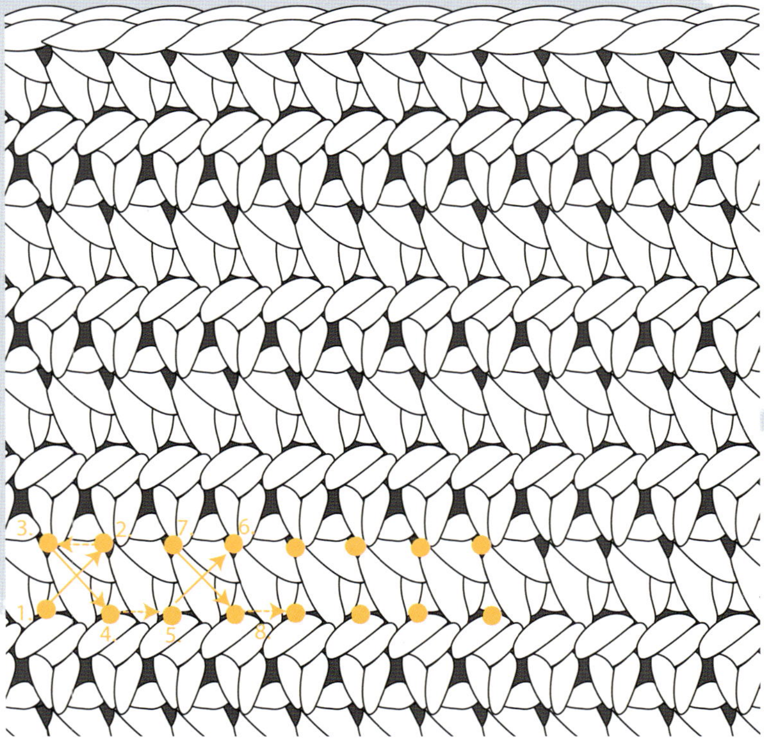

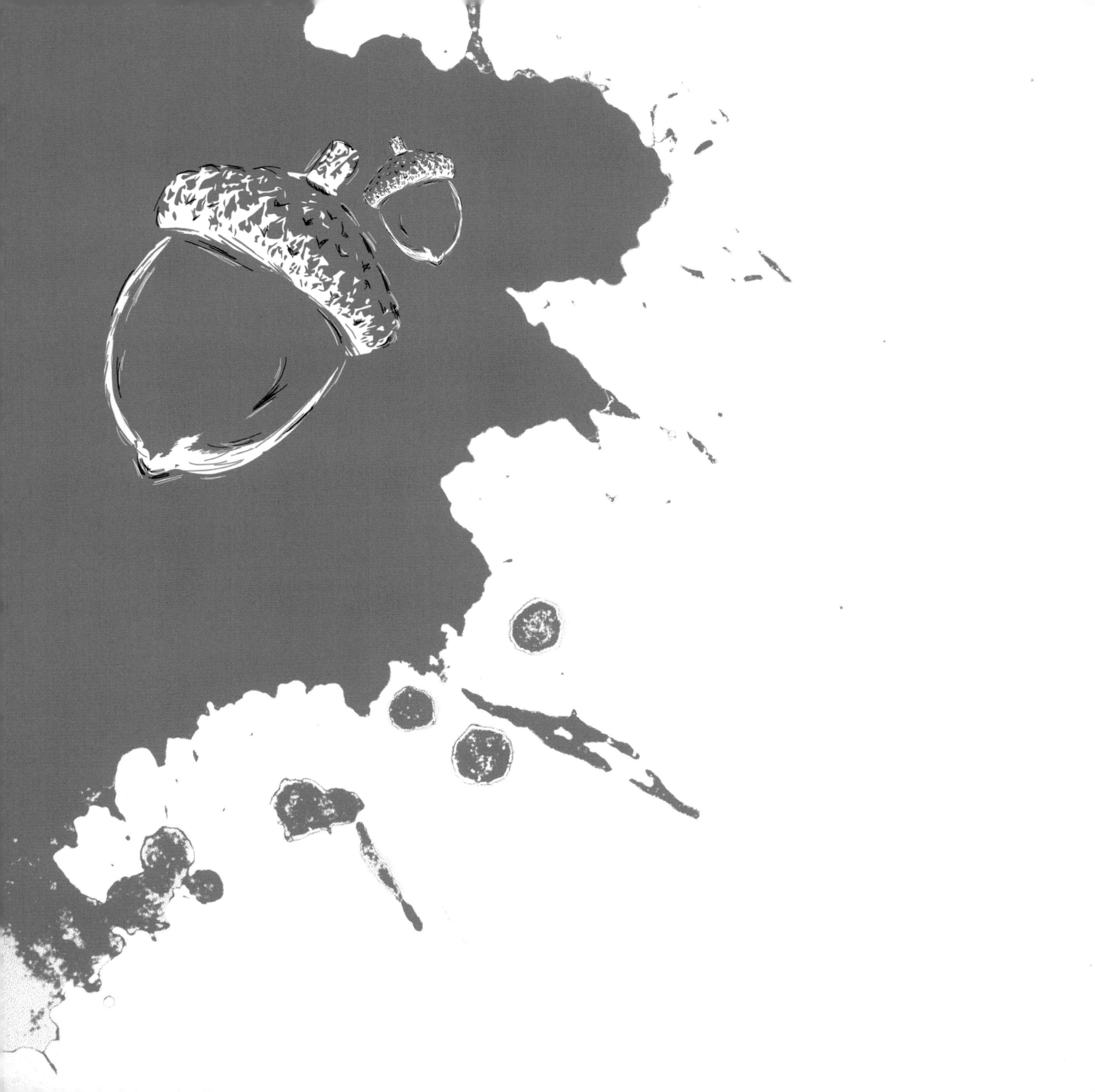

Dank

Dieses Buch hätten wir allein natürlich niemals veröffentlichen können.

Deshalb möchten wir an dieser Stelle die Gelegenheit nutzen, um uns bei verschiedenen Menschen für ihre tatkräftige Unterstützung zu bedanken.

Unserem Verlag danken wir für den Glauben an unsere Vision eines Handarbeitsbuches der neuen Generation und die Hilfe bei der Realisierung unseres mittlerweile vierten Buches.

Gern wollen wir auch ausdrücklich den Mitarbeiterinnen unseres Design-Teams für ihren unermüdlichen Einsatz bei der Findung und Realisierung neuer Handarbeitsideen danken.

Besonders hervorheben möchten wir unsere Chefdesignerin Sarah Hohenberger, die bei der Entstehung dieses vielschichtigen Handarbeitsbuches die Hauptverantwortung getragen hat. Ohne sie wäre dieses Buch nicht zum Abgabetermin fertig geworden.

Und zu guter Letzt sagen wir „Danke!" für den Support aller myboshi Fans, ohne die wir nicht dort wären, wo wir heute sind.

Impressum

Die Autoren, der Fotograf und der Verlag danken allen Beteiligten, die durch ihre Mithilfe und Unterstützung zum Gelingen dieses Buches beigetragen haben.

Für die unermüdlichen Bemühungen um die außerordentliche Qualität dieses Buches danken wir als Verlag unseren Mitarbeitern Johanna Hänichen, Anne Krause, Ellen Schlüter, Melanie C. Müller-Illigen, Philine Anastasopoulos, Katharina Staal, Justyna Krzyżanowska, Christine Zimmer und Valerie Mayer.

Originalausgabe Becker Joest Volk Verlag

© 2014 – alle Rechte vorbehalten

1. Auflage August 2014

ISBN 978-3-95453-024-3

Autoren: Thomas Jaenisch und Felix Rohland

Design: Sarah Hohenberger, myboshi GmbH

Fotografie: Hubertus Schüler

Fotoassistenz: Tim Wachnowski, Benedikt Koester

Projektleitung: Johanna Hänichen

Layout: Anne Krause und Melanie C. Müller-Illigen

Illustrationen: Melanie C. Müller-Illigen, Natascha Niesner

Bildbearbeitung und Lithografie:

Makro Chroma Joest & Volk OHG, Werbeagentur, Hilden

Lektorat: Doreen Köstler

Druck: Mohn Media Mohndruck GmbH

BECKER
JOEST
VOLK
VERLAG
www.bjvv.de